少しだけ贅沢して心を豊かに

千葉・成田・木更津
とっておきの上等なランチ

日常からちょっと離れて
すてきな時間を
過ごしませんか？

イデア・ビレッジ 著

メイツ出版

千葉・成田・木更津 とっておきの上等なランチ
Contents

千葉・成田・木更津 とっておきの上等なランチ 全体MAP……… 4
本書の読み方 ………………………………………………………… 5

千葉

LA TAVERNETTA alla civitellina …………………………… 6
Serene de Naturelle ………………………………………………… 8
鮨菜旬炉料理 笑和 ………………………………………………… 10
Ristorante Mangiare chiba ……………………………………… 12
鮨処 銀座 福助 千葉そごう店 …………………………………… 14
CHIBA SKY WINDOWS 東天紅 ………………………………… 16
CHIBA SKY WINDOWS 海燕亭 ………………………………… 18
Osteria antico genovese ………………………………………… 20
フランス郷土料理とワイン Maillot Jaune …………………… 22
Pesce Vino ………………………………………………………… 24
鮨 懐石光林堂 …………………………………………………… 26
レストラン ほてい家 ……………………………………………… 28
Chez les Anges …………………………………………………… 30
ビストラン 天使の隠れ家 ………………………………………… 32
鮨・割烹 みどり ………………………………………………… 34
仏蘭西料理 ミルフィーユ ………………………………………… 36
Restaurant Petit Arisa …………………………………………… 38
La cucina HANA ………………………………………………… 40
倶楽部 泉水 ……………………………………………………… 42
Ristorante Cornetto ……………………………………………… 44
La Cachette ……………………………………………………… 46
ristorante hanau ………………………………………………… 48
La Rosette ………………………………………………………… 50
La Cuisine de KAZU …………………………………………… 52
ホテルニューオータニ 幕張「欅」 ……………………………… 54
Manhattan Dining Bella Rusa ………………………………… 56
鉄板焼 燔 ………………………………………………………… 58

成田

共歓一椀 しんしん ……………………………………………… 60
Chaleureux FRENCH Le temps d'or …………………………… 62

菊屋	64
ステーキハウス 听 成田店	66
日本料理 翁	68
PORCELLINO	70
鰻処 さかた	72
Ristorate Anton	74
VILLA-de-ESPOIR	76
欧風創作料理 森のレストラン CUOCO	78
Cuisine Française Chez Mura	80
馳走 かく田	82
Restaurant Masaichi	84
レストラン 夢時庵	86
AUBERGE DE MANOIR 吉庭	88
Ristorante Casa Alberata	90
ロテスリー 吉庭	92
Ushimaru	94
Restaurant Gardenia	96

木更津

四季味宴席 たく	98
宝家	100
La Promenade	102
すき焼き・しゃぶしゃぶ・和食　田園	104
魚菜酒肴　開花屋	106
Trattoria Delfino	108
Restaurant Dijon	110
Italiakitchen buonasera	112
フランス料理　La Maree de kiri	114
Restaurant Ebonne	116
蟹工船 袖ヶ浦	118
洋食レストラン カメリア	120
和食堂 山里	122
中国料理 桃花林	124
料理ジャンル別さくいん	126

千葉・成田・木更津 とっておきの上等なランチ 全体MAP

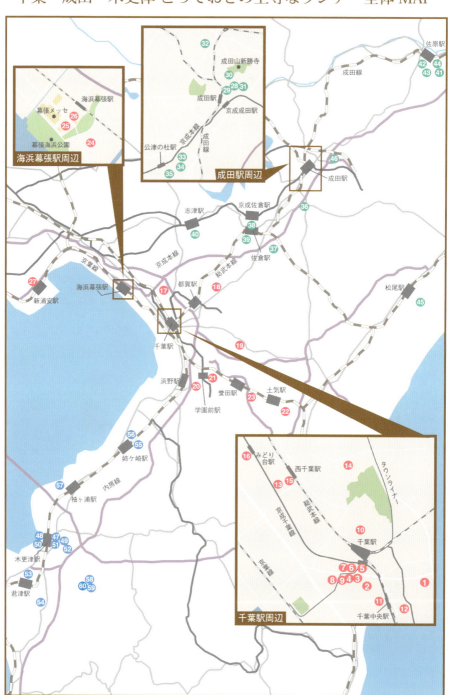

NO	店名	ページ	NO	店名	ページ	NO	店名	ページ
❶	LA TAVERNETTA alla civitellina	6	㉑	La Cachette	46	㊶	レストラン夢時庵	86
❷	Serene de Naturelle	8	㉒	ristorante hanau	48	㊷	AUBERGE DE MANOIR 吉庭	88
❸	鮨菜旬炉料理 笑和	10	㉓	La Rosette	50	㊸	Ristorante Casa Alberata	90
❹	Ristorante Mangiare chiba	12	㉔	La Cuisine de KAZU	52	㊹	ロテスリー 吉庭	92
❺	鮨処 銀座 福助 千葉そごう店	14	㉕	ホテルニューオータニ 幕張「欅」	54	㊺	Ushiroku	94
❻	CHIBA SKY WINDOWS 東天紅	16	㉖	Manhattan Dining Bella Rusa	56	㊻	Restaurant Gardenia	96
❼	CHIBA SKY WINDOWS 海燕亭	18	㉗	鉄板焼 燔	58	㊼	四季味宴席 たく	98
❽	Osteria antico genovese	20	㉘	共歓一椀 しんしん	60	㊽	宝家	100
❾	フランス郷土料理とワイン Maillot Jaune	22	㉙	Chaleureux FRENCH Le temps d'or	62	㊾	La Promenade	102
❿	Pesce Vino	24	㉚	菊屋	64	㊿	すき焼き・しゃぶしゃぶ・和食 田園	104
⓫	鮨 懐石 光琳堂	26	㉛	ステーキハウス 听 成田店	66	㊶	魚菜酒肴 開花屋	106
⓬	レストラン ほてい家	28	㉜	日本料理 翁	68	㊷	Trattoria Delfino	108
⓭	Chez les Anges	30	㉝	PORCELLINO	70	㊸	Restaurant Dijon	110
⓮	ビストラン 天使の隠れ家	32	㉞	鰻処さかた	72	㊹	Italiakitchen buonasera	112
⓯	鮨・割烹 みどり	34	㉟	Ristorate Anton	74	㊺	フランス料理 La Maree de kiri	114
⓰	仏蘭西料理 ミルフィーユ	36	㊱	VILLA-de-ESPOIR	76	㊻	Restaurant Ebonne	116
⓱	Restaurant Petit Arisa	38	㊲	欧風創作料理 森のレストラン CUOCO	78	㊼	蟹工船 袖ヶ浦	118
⓲	La cucina HANA	40	㊳	Cuisine Française Chez Mura	80	㊽	洋食レストラン カメリア	120
⓳	倶楽部 泉水	42	㊴	馳走 かく田	82	㊾	和食堂 山里	122
⓴	Ristorante Cornetto	44	㊵	Restaurant Masaichi	84	㊿	中国料理 桃花林	124

本書の読み方

本書では、千葉・成田・木更津を中心に、上等なランチのお店を紹介しています。以下に、本書の読み方・使い方を記しましたので、予め注意点をご理解の上、ご利用下さい。

メニューについて

ランチで食べられるメニューを中心に紹介しています。メニューは、季節や仕入れの状況により変わります。メニューは全て税込表記です。なお掲載している写真は全て一例です。

その他メニュー

左ページで掲載したメニュー以外の例について、メニュー名と金額を紹介しています。注文する際の参考にしてください。

お店のデータ

お店の住所、営業時間、定休日などの基本情報を紹介しています。定休日のほか、臨時休業がある場合もありますので、お出かけの際は直接お店にお問い合わせください。

アクセスについて

お店までの主なアクセス方法や、お店の所在地・近隣の道や交通機関などを簡略化した地図を紹介しています。

【注意】本書に記載されているデータは、2014年11月現在のものです。お店によっては、提供するメニューや価格、営業時間などの内容が変更される場合もありますので、お出かけの前にご確認ください。

千葉／千葉

Italian
LA TAVERNETTA alla civitellina

ラ タベルネッタ アッラ チヴィテッリーナ

❶旬の前菜4〜6品盛り合わせ、お好みのパスタ、お好みの1/2サイズのメイン料理、デザート、コーヒー、パンが付く「プランツォC」2800円❷どのランチコースをオーダーしても選べる「とりもも肉とインゲン豆のパッパルデッレ」。赤ワインやインゲン豆などを煮込んだ特製のソースに幅広の麺を和えた一皿❸「プランツォD」の料理の一例「イタリア産うさぎの盛り合わせ」❹「プランツォD」のデザート盛り合わせ

自家製パスタとソースにこだわる本格イタリアン

「日本の旬の食材を使って"イタリアの味"を表現する」を目標に前菜からデザート、コーヒーまで手間を惜しまず腕を振るシェフの山本博之氏。イタリアらしい調理法で旬の素材の味を生かした料理を提供する。特に種類豊富な手打ちパスタや「いろいろ豚の盛り合わせ」など手作りのソースにこだわったメイン料理が好評だ。ランチタイムはボリュームの異なる4つのコースを用意する。

店内は"小さな大衆食堂"を思わせる雰囲気。2階席はクラシックな造りでイタリアのレストランを訪ねたような気分を味わえる。イタリアンポップのBGMに耳を傾けながら本格イタリアンを堪能しよう。

おひとりさまでも気兼ねなく食事を楽しめる1階カウンター席。活気溢れるキッチンが目の前にあるので、スタッフと気軽に話せそう

「素材を生かしたソースやパスタを提供します」とスタッフ

入口横にあるかわいらしいタイル作りの看板を目印に訪ねよう

その他メニュー
- プランツォA…1660円
- プランツォB…2400円
- プランツォD…3600円

LA TAVERNETTA alla civitellina

☎	043-225-1106
住所	千葉県千葉市中央区中央2-8-14
予約	ランチ可　ディナー可
営業時間	ランチ 11:45～15:00(L.O.14:00) ディナー 18:00～23:00(L.O.21:00)
定休日	月曜　第3日曜
席数	22席(うちカウンター席6席、テーブル席16席)
禁煙席	一部喫煙可(※ランチタイムは全席禁煙)
カード	VISA、マスター
駐車場	なし

JR総武線千葉駅東口より徒歩で約15分

千葉／千葉

French

Serene de Naturelle

セレナ デ ナチュラーレ

❶前菜やメイン料理を選べる「セレナ」コース。野菜をふんだんに取り入れた、女性にもうれしいヘルシーなコース内容となっている。2500円 ❷「おまかせコース」5500円は、シェフ渾身のオリジナルメニュー。鴨の王様・ビュルゴー家の鴨を使った写真の「ビュルゴー家シャラン鴨胸肉のロティ」など、高級食材を惜しみなく使い、シェフの技が存分に発揮された料理の数々が楽しめる ❸こちらも「おまかせコース」で提供される「フランス産栗のムース」

本場仕込みの技が光る極上フレンチを堪能

フランスの三ツ星レストランなどで腕を磨いた阪口シェフが手掛ける、現代的正統派フレンチのお店。自然をテーマに、厳選・吟味した地元食材の使用をモットーとしている。契約農家から届く無農薬野菜や、九十九里や銚子から届く新鮮な魚介類を使った料理の数々は、伝統的なフレンチの技法を活かしつつ、シェフのアイデアが随所に光っている。

ランチはメインと前菜を選べる「セレナ」コースが手頃で人気。また、シェフのこだわりと技が詰まった「おまかせコース」もおすすめだ。

また、腕利きのソムリエが厳選したワインも充実しており、料理との絶妙なマリアージュを楽しみたい。

白と茶を基調とした、スタイリッシュで落ち着いたムードの店内。窓辺に飾られた草花が、心安らぐ雰囲気を演出する

その他メニュー

- グラン(ランチ)…3800円
- セレナ(ディナー)…6000円
- グルメ(ディナー)…8000円

本場フランスで修行した阪口シェフの絶品料理を堪能できる

2〜4名で利用できる個室は接待などおもてなし時にも最適

Serene de Naturelle

☎ **043-246-8878**

住所	千葉県千葉市中央区新田町3-13
予約	ランチ可　ディナー可
営業時間	ランチ 11:30〜15:00(L.O.14:00) ディナー 18:00〜21:00(L.O.22:00)
定休日	月曜
席数	24席
禁煙席	全席禁煙
カード	VISA、JCB、DC、マスター、アメックス※ランチでのご利用は1万円以上から
駐車場	1台(無料)

JR千葉駅東口より徒歩で約6分

Japanese

鮨菜旬炉料理
笑和

ケイサイシュンロリョウリ　ショウワ

❶天然ものの魚介が盛り込まれたお造りに、小鉢、ご飯、香物、お味噌汁が付いた、味もボリュームも大満足の「お刺身御膳」1620円❷季節の素材を取り入れて、10品前後の会席に仕立てた「季節の会席」2700円。旬の味を満喫できるとあって人気が高い❸昼・夜問わず楽しめる、こだわりの寿司。ランチタイムは「旬の握りセット」2160円や「寿司御膳」3240円がある。ディナータイムは、お好みで一貫ずつ注文することができる

目で楽しみ、香りで喜び 味で感じる四季の恵み

カウンター席とテーブル席が配された店内。古き良き時代の雰囲気が漂い、時間を忘れてゆったりとした気分で食事を楽しめる

　ゆったりと落ち着いた雰囲気のカウンター席や、掘りごたつ式の囲炉裏席など、上品な和のテイストに満ち溢れた店内。そこでいただけるのは、四季折々、自然の恵みの素材を活かした料理の数々。"本物"にこだわり、天然の海鮮素材や旬の野菜を贅沢に用いた料理は、素朴ながらも繊細で味わい深い。また、同じ素材でもお客さんの好みに応じて調理してくれる。人気は各種コース料理や、日々変わる「親方おまかせコース」(夜のみ)。料理によく合う、日本酒や焼酎の種類も充実している。

　毎週土曜日19:30からは店内で津軽三味線の実演も開催。料理と演奏を同時に楽しむ贅沢な時を過ごせる。

その他メニュー
- ◆ 会席料理(ランチ)
  …2160円〜
- ◆ 親方おまかせコース
  (ディナー)…6480円
- ◆ 一品料理各種

大切な人と過ごしたい、上品で落ち着いた雰囲気の個室

コース料理は予算、好みに合わせていろいろ選択できる

鮨菜旬炉料理　笑和

☎ **043-242-7878**

住所	千葉県千葉市中央区新町18-10　千葉第一生命ビル1階
予約	ランチ可　ディナー可
営業時間	ランチ 11:30〜14:00(L.O.13:30) ディナー 17:30〜22:00(L.O.21:30)
定休日	日曜　祝日
席数	42席
禁煙席	ランチタイムは全席禁煙
カード	VISA、JCB、DC、マスター、アメックス、UC
駐車場	なし

JR千葉駅東口より徒歩で約5分

Italian

Ristorante Mangiare chiba

リストランテ　マンジャーレ　チバ

❶リーズナブルな「パスタコース」（ランチ）2200 円。色とりどりの前菜盛り合わせ、パスタ 7 種とソース 4 種から組み合わせて選べるパスタ、4 種から選べるドルチェ、9 種から選べるハーブティー、パンが付く。写真は選べるパスタの一例❷一番人気の「シーズンコース」（ランチ）は「パスタコース」の内容に肉又は魚のメイン料理が付いて 3500 円❸さらに肉料理、魚料理が付くボリューム満点の「マンジャーレコース」（ランチ）4800 円

体に優しくヘルシーな魅惑のイタリアン

コンセプトは、「ヘルシー」「ビューティー」「セレクト」。「体に優しく」「食べて美しく」「厳選した食材」の野菜を使った新感覚ヘルシーイタリアンを提供する。ランチには3つのコースを用意。前菜は美容に効く野菜を中心に組み立て、彩り豊かに美しく仕上げている。

中でもお楽しみは、「パスタワゴン」。まずは、野菜を練り込んだ手打ちパスタやニョッキなど7種のパスタから好みのものをチョイス。さらにオイルやトマト、クリーム、和風の4種のソースから1種チョイス。自分好みの一皿が完成する。明るいイタリア音楽のBGMに耳を傾けながら、ゆったり極上パスタをどうぞ。

結婚パーティーにも使われる広々とした店内。白をベースにした優雅な空間が、とびきり贅沢なランチタイムをプレゼントしてくれる

目の前でパスタとソースを選べて楽しめるヘルシーパスタワゴン

6〜20人で利用できる個室は全4室。チャージ料は1万5000円〜

その他メニュー
- パスタコース（ディナー）…3500円
- マンジャーレコース（ディナー）…5800円
- シェフズセレクションコース（ディナー）…9500円

Ristorante Mangiare chiba

☎	043-379-8341
住所	千葉県千葉市中央区新町24-1
予約	ランチ可　ディナー可
営業時間	ランチ 11:00〜15:00(L.O.14:00) ディナー 17:30〜22:00(L.O.21:00)
定休日	不定休
席数	28席（テーブル席）
禁煙席	全席禁煙
カード	VISA、JCB、DC、マスター、アメックス、UC、ニコス、セゾン
駐車場	14台（※提携駐車場。レストラン利用の場合は無料）

※料理にはサービス料別途10%

JR総武線千葉駅西口・東口より徒歩で約5分

千葉／千葉

Japanese

鮨処 銀座 福助 千葉そごう店

スシドコロ ギンザ フクスケ チバソゴウテン

❶当日の厳選ネタ10カンに加えて、お好みのネタを何でも1カン選べる「おまかせにぎり　岬」。本格的な江戸前鮨を存分に堪能できるとあって人気だ。お椀付きで3240円❷中トロ、うに、いくら、蟹など、海の幸をふんだんに盛り込んだ豪華な「海鮮ちらし」。色とりどりの鮮やかな見た目も楽しい。お椀付きで3240円。❸にぎり鮨10カンに玉子焼をプラスしたセット「にぎり盛込　濱」2700円もおすすめ。16時までならお椀が付く。

粋な本格江戸前鮨を気軽に味わえる

　築地鮮魚問屋直営ならではの、旬や産地にこだわった本格江戸前鮨の"活き"と"粋"を堪能できる鮨処。
　常時50種類以上そろうネタは、1カン162円〜とリーズナブル。お好み握りはすべて価格表示されているので、安心してオーダーできるのもうれしい。職人の仕込みと技が光る、本格江戸前鮨を存分に堪能しよう。セットメニューもバラエティ豊富で、季節の一品料理なども人気。ランチでは、ランチ限定の特選にぎりや、週替わり丼を提供している。
　店内は白木と緑をベースとした、カジュアルな印象。女性同士や家族でも利用しやすい雰囲気だ。買い物帰りなど、気軽に足を運んでみよう。

板前さんの技を目の前で見られるカウンター席。心地良く過ごせるよう、席は間隔や高さにも配慮している

その他メニュー

- ◆ 磯…2160円
- ◆ 湊…3780円
- ◆ 週替り丼…1620円

「にぎりと刺身のセット　潮騒」3780円は、とろ鮪串焼なども付く

白木がナチュラルな質感と清潔感を演出する店内の様子

鮨処 銀座 福助 千葉そごう店

☎	043-204-1438
住所	千葉市中央区新町1000　そごう千葉店10階ダイニングパーク
予約	ランチ不可　ディナー可
営業時間	11:00〜22:30(L.O.22:00)
定休日	百貨店に準ずる(不定休)
席数	46席(うちカウンター席16席、テーブル席30席)
禁煙席	全席禁煙
カード	VISA、JCB、DC、マスター、アメックス、ニコス、セゾン、そごうミレニアムカード
駐車場	1800台(250円／30分、3000円以上のお食事で2時間無料)

JR千葉駅より徒歩で約1分

Chinese

CHIBA SKY WINDOWS 東天紅

チバ スカイ ウインドウズ トウテンコウ

❶東天紅の本格的な中国料理をコース感覚で楽しめる至福のランチセット「扇（おうぎ）」2700円。見た目にも美しい色とりどりの素材を使い、ボリュームも満点。❷特選ランチ「魚翅席（ゆうつうせき）」は優雅にランチをしたい日におすすめ。ふかひれの姿煮をはじめ、さまざまな料理で味わい尽くせる贅沢メニュー。5184円 ❸山海の幸をふんだんに使った「五目焼きそば」は、長年愛され続ける東天紅のロングセラーメニューの1つ。1404円

高層階からの絶景とともに楽しむ名店の本格中国料理

　厳選素材を使用した本格的な中国料理が味わえるチャイニーズレストラン。広東や福建料理など中国伝統の調理法をベースに、素材を活かし、こだわりの製法を用いているだけでなく、独自のアレンジによって日本人好みの味わいに仕上げているため、子供やお年寄りまで、幅広い層に愛され続けている名店だ。

　おすすめは、数種の料理をコースのように味わえるランチセット。それらの料理を地上100mからの絶景を眺めながらいただけば、最高の気分が味わえる。個室の種類も充実しているので、親しい友達との楽しいひととき、各種集まりなど、さまざまなシーンで利用したい。

大きな窓からは光がたっぷりと入り、開放的な店内。お手軽なランチメニューからコース、100種類にも及ぶアラカルトまでを堪能できる

少人数用から大人数の宴会用まで、個室も各種タイプをそろえている

ダイニング、個室とどの部屋からも千葉市街を一望することができる

その他メニュー

- 華(ランチ)…1620円
- 五目炒飯…1404円
- 担々麺…1512円

CHIBA SKY WINDOWS 東天紅

☎ 043-238-5555

住所	千葉県千葉市中央区新町1000 千葉駅前 センシティタワー23階
予約	ランチ可　ディナー可
営業時間	11:30～22:00(L.O.20:30) ランチタイム 11:30～17:00(L.O.16:00)
定休日	年末年始
席数	450席(うちダイニング席60席、個室・宴会場390席)
禁煙席	ランチタイムは全席禁煙(個室を除く)
カード	VISA、JCB、DC、マスター、アメックスなど
駐車場	なし(提携先無料駐車場あり)

※17:00以降はサービス料10％を加算

JR千葉駅より徒歩で約1分

千葉／千葉

Japanese

CHIBA SKY WINDOWS 海燕亭

チバ スカイ ウインドウズ カイエンテイ

❶歌舞伎の定式幕の色をモチーフとした二段のお重に、四季折々の味わいを詰めた「歌舞伎二段重」は、ちょっと贅沢なランチをしたい日に味わいたい。2700 円。❷会席に値するほどに贅沢な内容の「花膳」。色とりどりの食材は目にも楽しく、ビジネスシーンや特別な日のおもてなしにもおすすめ。3780 円❸厳選した旬の食材を贅沢に使った「小鉢膳」。シンプルな内容ながらも、手間と暇をかけ丁寧に作られた料理の数々を堪能できる。2160 円

味わい深い日本料理を
絶景とともに楽しむ贅沢

　旬にこだわった厳選素材を使い、四季ごとの色彩を豊かに表現した日本料理を会席、ご膳料理などの形式で楽しむことができる同店。しっとりと少人数で、また、晴れの日の集まりや大切な取引先との食事など、個室のタイプも各種取りそろえているので、少し贅沢な気分でランチをしたいときはもちろんのこと、会合や大切な日のおもてなしなどでもぜひ利用してみたくなる、そんなお店。

　また、店内のどこからでも千葉市内を一望できる大パノラマもこちらの自慢のひとつ。素材の味わいを最大限に活かした繊細な日本料理に舌鼓を打ちながら、美しい景色を堪能できる、まさに大人のための空間。

和の風情を感じるシックなインテリアの店内で食事を楽しめるだけでなく、どの部屋からも千葉市内の大パノラマを望むことができる

眼下に広がる美しい夜景を眺めながらのお食事も格別なもの

落ち着いた雰囲気の個室。大人数から少人数用まで各種タイプを用意

その他メニュー

- ◆ お手軽膳…1836円
- ◆ 舞会席…5000円
- ◆ 会席料理「花」…7560円

CHIBA SKY WINDOWS 海燕亭

☎	043-238-5346
住所	千葉県千葉市中央区新町1000 千葉駅前 センシティタワー22階
予約	ランチ可　ディナー可
営業時間	ランチ 11:30～17:00(L.O.16:00)　ディナー 17:00～21:30(L.O.20:30) 土日祝日 11:30～21:30(L.O.20:30)※ランチメニューは11:30～17:00(L.O.16:00)
定休日	年末年始
席数	390席（うちダイニング席34席、個室・宴会場356席）
禁煙席	ランチタイムは全席禁煙（個室を除く）
カード	VISA、JCB、DC、マスター、アメックスなど
駐車場	なし（提携先無料駐車場あり）

JR千葉駅より徒歩で約1分

千葉／千葉

Italian
Osteria antico genovese

オステリア アンティコ ジェノベーゼ

❶前菜6種盛り合わせ、約10種から選べるパスタ、自家製パン、選べるメイン料理、3種のデザートの盛り合わせ、ドリンクが付くボリューム満点の「Cランチ」2650円 ❷全てのコースで選べる看板メニューの「ジェノベーゼのスパゲッティーニ」。コース料金プラス200円 ❸「Bランチ」、「Cランチ」に付く「前菜6種盛り合わせ」。旬の食材を使うためその時々で内容は変更。ちょっとずついろんな味を楽しめるのがうれしい

本場イタリアのバジル ペーストパスタが絶品！

イタリアのごく普通にあるトラットリアやオステリアの内装そのままにカジュアルな空間を提供。肩肘張らず本格イタリアンを楽しめる人気店だ。店内にはイタリア料理や美しい風景写真、イタリアの書籍が飾られており、本場の雰囲気を感じることができる。

こちらで味わいたいのは、バジリコペースト、いわゆるペストジェノベーゼ。シェフが約4年半過ごしたというリグーリア州の本場の味を再現。千葉県産のバジルを贅沢に使い香り豊かなソースに仕上げている。珍しいリグーリア・ワインも取りそろえているので、料理とのマリアージュも楽しみたい。

その他メニュー

- 平日 ビジネスパスタランチ…1000円
- 平日 ビジネス日替わりランチ…1000円
- Aランチ…1300円

落ち着いた色味で統一された店内。店内奥には料理の本などイタリアの書籍がギッシリと並び、自由に見られるようになっている

前日までに予約すればデザートにバースデープレート付きにできる

気さくなスタッフが心温まるサービスでおもてなししてくれる

Osteria antico genovese

☎ **043-245-7055**

住所	千葉県千葉市中央区登戸1-13-22 シティファイブA棟101号
予約	ランチ可　ディナー可
営業時間	ランチ11:30〜15:00(L.O.14:00) ディナー18:00〜23:00(L.O.21:30)
定休日	月曜（祝日の場合は翌日）
席数	20席（テーブル席）
禁煙席	全席禁煙（※入口のテーブルで喫煙可）
カード	VISA、マスター（ディナーのみカード使用可）
駐車場	なし（近隣にコインパーキングあり）

JR・京成線千葉駅西口より徒歩で約6分

千葉／千葉

French

フランス郷土料理とワイン
Maillot Jaune

フランスキョウドリョウリトワイン マイヨジョーヌ

❶「ランチコース」は、前菜4種盛り合わせに、メインディッシュ、パン、デザート、コーヒーと、ディナーにも劣らない充実振り。2100円 ❷「豚すね肉の赤ワイン煮」は、ゼラチン質を含んだ豚すね肉をトロトロになるまでじっくり煮込んだ一品。濃厚なソースとポテトピュレをからめて食すのがおすすめ。❸ アラカルトで人気の「メルゲーズ」。仔羊の肉を使った辛みのある自家製ソーセージです。ワインとの相性もバツグン。950円

本場の味にこだわった
フランス郷土料理に舌鼓

　店名の意味は「黄色いジャージ」。フランスの自転車レースに由来している。フランス中を巡るそのレースのように、まるで料理を通してフランスを旅しているような気分が味わえるお店だ。肉料理を中心とした、素朴で味わい深いフランスの郷土料理の数々は、すべて本場の味に忠実。味の濃さやボリュームも、あえて日本人の舌に合わせないところに、オーナーのこだわりとフランス料理への愛を感じさせる。夏は南仏、冬はフランス北部の料理と、日本の四季に合わせて提供される料理の地域が変わるのもユニーク。ゆったりと時が流れる落ち着いた空間で、こだわりの郷土料理を堪能したい。

店名にちなんだ黄色の壁が目を引く店内。天井が高く、落ち着いた雰囲気が漂っている。小人数のパーティーなどにも利用しやすい

その他メニュー

- キッシュ…650円
- お肉のパテ…910円
- 鶏白レバーのパテ…910円

フランスの多彩な地方料理を手掛けるオーナーシェフの刈米氏

シェフが所有するおしゃれなピストバイクが飾られた店内

フランス郷土料理とワイン Maillot Jaune

☎	043-204-1860
住所	千葉県千葉市中央区登戸1-1-16
予約	ランチ可　ディナー可
営業時間	ランチ 11:30〜14:00(L.O.13:00) ディナー 18:00〜22:30(L.O.21:00)
定休日	日曜　祝日の月曜
席数	18席
禁煙席	全席禁煙
カード	使用不可
駐車場	なし(周辺にコインパーキングあり)

JR千葉駅西口より徒歩で約4分

千葉／千葉

Italian

Pesce Vino

ペッシェ ヴィーノ

❶旬の食材を使った前菜の盛り合せ、日替わりのパスタと新鮮な肉や魚を使ったメインディッシュに食後のドルチェまで堪能できる「シェフのおまかせランチ C」3024 円❷トマトソースとニンニク、唐辛子のみのシンプルながら素材の旨みをしっかり味わえる「アラビアータ スパゲッティーニ」1080 円。仕上げにはペコリーニチーズを目の前でたっぷりとかけてくれる❸季節のフルーツとシェフお手製のデザートが楽しめる「ドルチェの３種盛り合せ」864 円

本格派のイタリアンを
気取らずゆっくり味わう

千葉駅から徒歩2分と好アクセスながら、店内に一歩入ると、駅前の喧騒がうそのように、静かでゆったりとした時間が流れる。千葉の隠れ家的イタリアンとして人気の高い店がここ「ペッシェ・ヴィーノ」。

料理も北から南イタリアのものまで幅広くメニューを取りそろえる本格派。コースは昼、夜ともに3種類、アラカルトも常時30種以上を本場イタリアのワインとともに楽しめる。季節感あふれる旬の食材を使い、丁寧に手間暇かけて作られた料理を気取らずに、ゆっくり味わえる雰囲気もこちらの魅力。気の置けない友達と美味しいひとときを楽しみたい、そんな気分にぴったりのお店だ。

ゆっくりと食事を楽しんでもらいたいと、大きめのテーブルに、座り心地のよい椅子を用意。店内は天井も高く開放感にあふれる

ガラス張りで明るい雰囲気の店内。カウンターはおひとりさまでもOK

ワインも常時50種以上を用意。本場イタリア産のものも充実している

その他メニュー
- ランチコースA（平日限定）…1000円
- ランチコースB…1728円

Pesce Vino

☎	043-207-8551
住所	千葉県千葉市中央区弁天1-20-5　山崎ビル1階
予約	ランチ可　ディナー可
営業時間	ランチ 11:30～14:30(L.O.13:45) ディナー 17:30～22:00(L.O.21:00)　日曜・祝日17:30～21:30(L.O.20:30)
定休日	不定休(主に月曜)
席数	30席
禁煙席	全席禁煙
カード	VISA、JCB、マスター、アメックス、UC、ニコス、セゾンダイナーズ
駐車場	3台(無料)

JR千葉駅北口より徒歩約2分

Japanese

鮨 懐石
光林堂

スシ カイセキ コウリンドウ

❶季節のお造りや煮物、焼き物、揚げ物など贅沢に盛り合わせた「光林堂弁当」2160円。メニューは季節や当日の仕入れによって内容も変わる。予約制 ❷房総で採れた鮮魚をはじめ、その日一番の旬のネタを盛り込んだ「刺身盛り」もぜひ味わいたい一品。❸夜も職人の技が光る、美しく繊細な懐石とともに新鮮なネタを使った寿司も楽しむことができる各種コースも用意。写真はお祝いの席にぴったりな「百合」7560円。特別な日や記念日にぜひ味わってみたい

上質の料理、もてなしで極上の時間を過ごしたい

　千葉エリアで本格的な懐石料理を味わうならこちらの店。千葉駅から5分とアクセスの良さも魅力だ。房総で採れた上質で新鮮な素材にこだわり、料理長が長年培った技が細部まで行き渡った料理の数々は、繊細で美しく、和食を食べる喜びを心から味わえる逸品ばかり。隠れ家風の大人の雰囲気と、厳選された器や上質のおもてなしなど細部にまでこだわりを感じられる店づくりで、訪れた人を優雅な気持ちにさせてくれる。大切な人との食事、また記念日や結納など喜ばしい日の食事に利用する人も多い。ランチは完全予約制。また、夜も混み合うことが多いため、事前に予約することをおすすめする。

少人数なら掘りごたつ式のしっとりとした雰囲気のカウンターで。また、お祝い向け、法事向けなど行事に合わせ趣を変えた個室も用意

その他メニュー

◆ いくらとおくらの和え物
◆ 旬の前菜5点盛り
※各値段はお店にてご確認ください

口の中でのとろけ具合が格段に違う、新鮮な本マグロの大トロを提供

日本酒、焼酎、ワインなど各種銘酒も用意。食事に合わせて選びたい

鮨 懐石 光林堂

☎	043-238-5441
住所	千葉県千葉市中央区新宿2-2-11
予約	ランチ可　ディナー可
営業時間	11:30～23:00(L.O.21:00) ランチ11:30～14:00(L.O.13:30)※要事前予約
定休日	日曜　祝日
席数	30席
禁煙席	喫煙可
カード	VISA、JCB、マスター、アメックス、UC、ニコス、セゾン、ダイナースなど
駐車場	なし(近隣に有料駐車場あり)

JR千葉駅東口より徒歩で約5分
京成線千葉中央駅西口より徒歩で約3分

千葉／千葉中央

Western

レストラン ほてい家

レストラン ホテイヤ

❶厚切りのフォアグラとほてい家オリジナルの特製ソースで丼ぶりに仕立てた至極の一品。「名物極上フォアグラ丼」2160円。最後に自家製ブイヨンスープを注いでリゾットのようにして楽しみたい ❷真鯛やアワビ、有頭海老などの魚介類を贅沢に盛り込んだムニエル。「海の幸の取り合わせ」2030円 ❸ベーコン巻ハンバーグのフォアグラ添えや牛ヒレ肉のステーキなど、ほてい家の味が豪華に詰まった「美味しいほてい家ワールド メガボックス洋食御膳」3240円

千葉エリアで知らぬ者はいない老舗の洋食レストラン

　昭和4年創業。洋食といえば「ほてい家」と呼ばれるほど、千葉エリアで知らない人はいない老舗の洋食店。ソースやスープ、ドレッシングにいたるまで手作りにこだわり、伝統の味をしっかりと守り続けながらも、新しい味を取り入れるという柔軟な姿勢も、愛され続ける所以だ。その日の気温に合わせてこね方や味を調整するというこだわりの製法で作り、一口ほおばると口中に肉汁が広がる「ハンバーグ」をはじめ、ボリューム満点の料理の数々は、どこか懐かしいのに、ここでしか味わえないオリジナリティにあふれたものばかり。またすぐに食べたくなると、ファンを増やし続けている。

創業85年。千葉の食文化を支えてきた老舗洋食レストラン。メニューの豊富さもさることながら、ボリュームにも目を見張るものがある

その他メニュー

- 金箔ハンバーグコース…5400円
- 黒毛和牛ロース肉ステーキ…3240円
- スペシャルハンバーグ…1458円

夜はキャンドルの灯りがともされ、大人のムード満点の空間に

スタッフのあたたかいおもてなしと細やかな心配りにもファンが多い

レストラン ほてい家

☎	043-227-0281
住所	千葉県千葉市中央区本千葉町9-8
予約	ランチ可　ディナー可
営業時間	11:00～22:00（L.O.21:00、フルコースのみL.O.20:30） 週替わりランチメニューのみ 11:00～14:00（L.O.14:00日祭日は除く）
定休日	年末年始
席数	100席
禁煙席	全席禁煙
カード	VISA、マスター
駐車場	提携駐車場300台（2時間無料）

京成線千葉中央駅東口より徒歩で約3分

千葉／西千葉

French

Chez les Anges

シェ レザンジュ

❶キッシュ、サラダ、美しいソースで彩られたメインの肉料理に、デザートまで付いた「ランチコース」2800円。写真はその一例。ボリュームもさることながら、素材の味わいを最大限に活かし、丁寧に仕立てられたその極上の味わいに大満足すること間違いなし❷四季折々の新鮮な魚を使った「魚のマリネ」2000円もおすすめ❸きのこが豊かに薫るクレープ。聖人の名を冠したクラシカルなこの一品も人気が高い。「クレープ サンガブリエル」2400円

手間暇かけて作られた彩り豊かな極上フレンチ

閑静な住宅街の中に店を構え、しっとりと落ち着いた雰囲気の空間でゆっくりと上質な料理を楽しめる。まさに大人のためのレストラン

創業34年。西千葉で愛され続ける老舗のフレンチレストラン。オーナーシェフの石川忠雄氏が、本場フランスで14年間腕を振るったのち、この地に店をオープンさせた。「大切な人と、美味しいものを食べる幸せを味わってもらいたい」と、素材にこだわり、前菜からデザートにいたるまで、すべてシェフが一から手作り。彩り豊かな料理の数々は、見ているだけで幸せな気分になれる。中でもランチは、内容の充実ぶりに目を見張るほど。シェフ渾身の料理を存分に堪能できるコース、バラエティーに富んだアラカルト料理などその日の気分に合わせてメニューを選べるのも魅力だ。

四季の花なども所々に飾られ、繊細な心遣いも感じられる店内

落ち着いた雰囲気で食事が楽しめる個室も用意されている

その他メニュー

- エスカルゴ ブルゴーニュ風…2400円
- フォアグラのステーキ…3800円
- 生ガキ(冬季限定)…2400円

Chez les Anges

☎ **043-247-0707**

住所	千葉県千葉市中央区春日2-1-9
予約	ランチ可　ディナー可
営業時間	ランチ 12:00〜14:00(L.O.14:00) ディナー 17:00〜21:00(L.O.21:00)
定休日	月曜(祝日の場合は翌日)
席数	45席
禁煙席	全席禁煙
カード	VISA、JCB、マスター、アメックス、UC、ダイナーズ
駐車場	3台(無料)

JR西千葉駅南口より徒歩で約4分

千葉／西千葉

Original
ビストラン
天使の隠れ家

ビストラン テンシノカクレガ

❶旬の野菜を使ったメニューを中心に、秋にはシェフ自らが狩猟に出向いて仕入れるジビエ料理なども楽しめるランチコース「ソレイユ」2700円。ランチ価格ながらも贅沢なその内容に大満足 ❷八街や東金など県内の契約農家から直送される新鮮な野菜で作る「野菜のテリーヌ」2700円は、野菜の美味しさを存分に味わえると、幅広い年齢層に愛されている ❸ソルベやモンブランなど、1つ1つ丁寧に手作りされた「デザートの盛り合わせ」2700円

気取らず楽しむ ヘルシーな「フランス会席」

閑静な高級住宅街の中に店を構える、隠れ家的名店。メインダイニングからは庭に咲き誇る四季折々の花々や緑も楽しむことができる

アットホームなおもてなしの下で、ゆっくりと食事が楽しめる、そんな豊かな時間を過ごしてほしいと、オーナーが自らの自宅を開放した邸宅レストラン。店名の「ビストラン」は、「レストラン」と「ビストロ」を合わせた造語。「気さくなおもてなし」という気持ちを込めてつけられたという通り、気取らず上質な料理に舌鼓を打てるのもうれしいもの。

また、料理も千葉県内の契約農家から直送している新鮮な野菜を中心に、四季折々の食材を使い、見た目にも美しい、野菜を美味しくいただける料理を提供している。美味しいだけでなく、心も体も元気になれるランチをご堪能あれ。

その他メニュー
- ランチコース「プティ」…1728円
- ランチコース「ソレイユ」…8640円
- ランチコース「アイリス」…5400円

繊細な心遣いと、アットホームなおもてなしも評判が高い

開放的なテラス席。天気のよい日は外でのランチも楽しそう

ビストラン 天使の隠れ家

☎	043-284-8801
住所	千葉県千葉市中央区松波4-13-16
予約	ランチ可　ディナー可
営業時間	ランチ 11:30～15:00(L.O.14:00) ディナー 17:00～22:00(L.O.20:30)
定休日	月曜
席数	100席
禁煙席	全席禁煙
カード	VISA、マスター
駐車場	10台(無料)

JR西千葉駅北口より徒歩で約10分

千葉／西千葉

Japanese

鮨・割烹
みどり

スシ・カッポウ ミドリ

❶房総で採れた地物を中心に、その日最高のネタを使った握りを堪能できる「みどり極味御膳」2160円。カウンターでいただく場合は、板前さんが目の前で握ってくれ、贅沢気分も味わえる❷メインを握りか、3種の丼ものから選べる「みどり旨味御膳」1944円。どれも新鮮な魚介類をふんだんに使った心づくしの内容。どれにしようか迷ってしまう。❸「おまかせ握り」は1.5人前のボリュームで茶碗蒸しとシャーベットも付くので、男性も大満足。1000円

厳選素材を使い、心からのもてなしを提供

　こちらのこだわりは、房総で採れた新鮮なネタを中心に、厳選した旬の素材を使ったこだわりの寿司や割烹料理の数々。これらを高級感あふれる空間で、上質のおもてなしとともに堪能できる。中でもランチメニューは、握りずしをはじめ、海鮮を使った丼もの、うな重、会席など品ぞろえも豊富でボリュームも満点。価格もリーズナブルながら、板前の丁寧な仕事が光るものばかり。同店のモットーである「心からのおもてなし」をそんなところからも随所に感じることができます。西千葉駅から徒歩約1分のアクセスのよさも同店の魅力。贅沢な気分を味わいにぜひ足を運んでみては。

上質で落ち着いた雰囲気の店内。カウンターをはじめテーブル、個室などで様々なシチュエーションに合わせて食事を楽しめる

その他メニュー

◆ おまかせちらし…1000円
◆ 天重ランチ…1000円
◆ Don丼どんぶり…1500円
　（土日祝限定）

大人数での利用は、広々としたスペースの和風宴会場「羽衣」で

18mのカウンターは圧巻。板前の丁寧な仕事が目の前で堪能できる

鮨・割烹 みどり

☎	043-241-1530
住所	千葉県千葉市中央区春日2-21-5
予約	ランチ可　ディナー可
営業時間	11:00～22:00(L.O.21:30) ランチ 11:00～14:30(L.O.14:00)
定休日	元日
席数	270席
禁煙席	なし
カード	VISA、JCB、マスター、アメックス、UC、ダイナーズ
駐車場	30台(無料)

JR西千葉駅南口より徒歩で約1分

千葉／みどり台

French
仏蘭西料理
ミルフィーユ

フランスリョウリ ミルフィーユ

❶「シェフランチ」はシェフおまかせのコース。オードブル、スープ、サラダ、メインディッシュ、デザート、コーヒーとランチながら至れりつくせり。2700円 ❷「牛肉の赤ブドウ酒煮込みランチ」は、お店自慢のアラカルトメニュー。夜は2160円だが、ランチでは1944円で楽しめる。サラダ、パンorライス、コーヒー付き ❸キャラウェイやハーブが入った、自家製クルミパンとプレーンパンも人気が高い。216円

"地元"にこだわった本格フレンチを堪能

　閑静な住宅街のなかに建つ、オープン24年を誇るフレンチの老舗。店名の「ミルフィーユ」とは、"千"枚の"葉"、つまり"千葉"にちなんでいる。自身の出身地である千葉で、この名前の店を持つことがシェフの修業時代からの夢だったという。

　料理は、地元食材をふんだんに用いて、パンやデザートもすべて自家製というこだわりよう。また、和牛ホホ肉や牛舌を赤ブドウ酒で煮込んだ料理は、オープンから変わらぬ人気のメニュー。ランチでは、ディナーよりお手頃な価格で提供しているのでぜひ試したい。1週間かけてじっくり仕上げる、自慢のデミグラスソースをたっぷりからめていただこう。

シックで落ち着いた雰囲気の店内。アットホームな気分でくつろげるよう、ソファー席も用意されているのがうれしい

鋸南町の生産者の愛情が詰まった旬の野菜。こちらはプッチーニ

この道35年のベテランシェフ、三宅俊之氏の料理を堪能しよう

その他メニュー

- 魚ランチ…1620円
- 肉ランチ…1620円
- ステーキランチ…2160円

仏蘭西料理 ミルフィーユ

☎ **043-243-8853**

住所	千葉県千葉市稲毛区緑町2-16-7
予約	ランチ可　ディナー可
営業時間	ランチ 11:00～15:00(L.O.14:00)※日・祝12:00～ ティータイム 14:00～16:00(L.O.15:00) ディナー 17:30～22:00(L.O.21:00)
定休日	月曜
席数	35席
禁煙席	あり(禁煙席30席／喫煙席5席)
カード	VISA、JCB、DC、マスター、アメックス、UC、ニコスなど
駐車場	1台(無料)

京成線みどり台駅より徒歩で約1分

千葉／稲毛

French

Restaurant Petit Arisa

レストラン プティ アリサ

❶シェフおまかせの前菜、本日のスープ、魚料理又は肉料理、デザート、コーヒー又は紅茶が付く「ランチA」2700円。盛り付けも美しく、目で見て、食べて楽しめる❷ディナーの一番人気コース「パリの散歩道」7560円。写真の「フレッシュフォアグラのソテー」のほか、前菜、スープ、魚料理、肉料理、デザート、コーヒー又は紅茶が付く❸ディナータイム限定の「ティータイム」1080円。自家製デザートとコーヒーがセットになったお得メニュー

ほっと落ち着ける空間で王道フレンチを堪能

　レストランウエディングにも使われる一軒家レストラン。白壁に赤レンガの階段、フランスの国旗が目印だ。木の温もりが感じられる店内は、肩肘張らずゆったりと過ごせそうな雰囲気。飾られた絵画やテーブルコーディネートにオーナーのセンスの良さがキラリと光る。

　いただけるのは、契約農家から届く新鮮な野菜や築地市場でシェフ自らが厳選した魚介類を使った正統派フレンチ。ランチには2つのコースを用意。素材を生かした繊細な味付けでお客さんを魅了する。「フォアグラのソテー」や「オマール海老のサラダ」などをリーズナブルに食せるディナータイムもおすすめ。

淡いピンクのテーブルクロスが優しい空間を演出。10～12人収容できる個室も1室あるので、記念日などにぜひ利用したい

その他メニュー
- ランチB…4104円
- パテ ドゥ パリジャン(要予約)…1620円
- フルコース…5400円(サ別)

アットホームな店構えなので初めての人でも入りやすい

店内には、カシニヨールの絵画やパリの油絵が飾られている

Restaurant Petit Arisa

☎	043-255-0854
住所	千葉市稲毛区園生町576-7
予約	ランチ、ディナー共に予約制
営業時間	ランチ 11:30～14:30(L.O.13:30) ディナー 17:00～21:30(L.O.20:30)
定休日	月曜
席数	15席(テーブル席)
禁煙席	禁煙席あり
カード	VISA
駐車場	7台(無料)

JR総武線稲毛駅より車で約5分

千葉／都賀

Italian

La cucina HANA

ラ クッチーナ ハナ

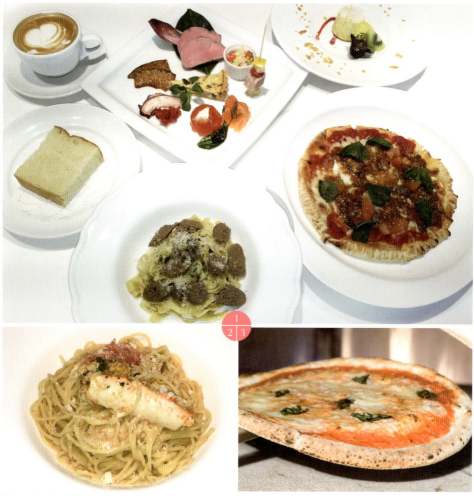

❶パスタとピッツァを、それぞれ5〜6種のなかから選ぶことができるセットメニュー。前菜、デザート、コーヒー、パン付き。パスタとピッツァはシェアして食べるお客さんが多いとか。「パスタランチ」1850円 ❷お店一番人気のパスタ「うにとタラバ蟹のトマトクリームソーススパゲティ」1750円。アラカルトでももちろん、プラス720円してコースで楽しむことも可能 ❸石釜で焼かれるピッツァは、シェフの技が光る逸品。ぜひ試してみたい

豊かな緑に囲まれて
優雅に本格イタリアン

　国道51号線沿い、自然豊かな場所に建つ、ヨーロッパ風の美しい外観が目を引くお店。店内は天井が6mと高く、非常に開放的。白を基調とした爽やかな雰囲気で、オープンキッチンでダイナミックに調理をする姿が目に入る。一方、外に見れば、四季折々に表情を変える、美しい庭が広がっている。

　そんな絶好のロケーションで楽しめる料理は、地元千葉で採れた鮮度の高い魚・肉・野菜を中心とした絶品イタリアン。素材の美味しさを活かした料理が、コースやアラカルトで堪能できる。カジュアルな普段の食事、あるいはお祝いなど特別な日と、幅広いシーンで使えるお店だ。

大きな窓からやわらかな光が射し込む、エレガントなムードのダイニング。美しい庭の風景を楽しみながら食事ができる

その他メニュー
- メインランチ…2160円
- スペシャルランチ…2570円
- クッチーナコース(ランチ)…3600円

旬の素材を使った、アラカルトメニューもたくさんある

もちろん、ピッツァやパスタによく合うワインも充実

La cucina HANA

☎ **043-214-8700**

住所	千葉市若葉区若松町1-1
予約	ランチ可　ディナー可
営業時間	ランチ 11:00〜16:00(L.O.15:00)　ディナー 17:30〜22:00(L.O.21:00) 土日祝 11:00〜22:00(L.O.21:00)※ランチメニューは11:00〜16:00(L.O.16:00)
定休日	なし
席数	150席(うちテラス席20席)
禁煙席	テラス席のみ喫煙可(荒天時はテラス席利用不可)
カード	VISA、JCB、マスター、アメックス、UC、ニコス、セゾン、ダイナース
駐車場	70台(無料)

JR都賀駅東口からバスで約10分

千葉／蘇我

Japanese

倶楽部　泉水

クラブ イヅミ

❶お通し、前菜、造り、とっくり蒸し、揚物、焼物、ごはん、みそ椀、香の物が付く「月変りミニ会席」3780円。旬の素材を贅沢に味わえる人気会席❷専用のコンロを使い炭火で焼き上げる「合鴨のご猟場焼」2700円。焼き葱を添え、大根おろしと醤油でさっぱりと召し上がれ❸2月になると登場する「きりたんぽ鍋」1500円(1人前)。比内地鶏や白菜、せり、舞茸、きりたんぽ…旬の食材をたっぷりと味わえ、体もほっこり温まりそう

和情緒溢れる田舎家で
四季折々の会席料

「日常の喧噪から逃れ、懐かしさが漂う古民家でゆったり召し上がっていただきたい」。そんな思いが詰まった会席料理店「倶楽部 泉水」。茅葺きの田舎家の中は全て個室。囲炉裏や壁、畳からは歴史を経たものならではの情緒が溢れ、しっとりと食事をいただける雰囲気が漂う。

料理の一番のこだわりは、新鮮な魚を提供すること。特にお造りが、脂がのっており、身が締まっていると好評だ。ランチタイムの一番人気メニューは「月変りミニ会席」。少しずついろんな味を楽しめるのが人気の秘密。お腹が満たされた後は、ロビーで展示販売されている益子焼の器を見て楽しもう。

その他メニュー

◆ 月変り会席…5400円
◆ 会席料理 花…6480円
◆ 会席料理…7560円〜

人気の高い広々とした「囲炉裏の間」。窓からは庭園が望め、ほっこりとした時間が過ごせそう。足を伸ばせる掘り炬燵席なのも嬉しい

趣のある長屋門。TBSドラマ「仁」の撮影でも使われたとか

ロビーにある囲炉裏では2月になると「きりたんぽ」が焼かれる

倶楽部 泉水

☎ **043-228-0174**

住所	千葉県千葉市若葉区川井町238
予約	ランチ可　ディナー可
営業時間	12:00〜22:00(L.O.21:00) ランチメニューは12:00〜15:00(L.O.14:30)
定休日	月曜
席数	70席(うち座敷席15席、掘りごたつ席55席)
禁煙席	全席喫煙可
カード	不可
駐車場	20台(無料)

※平日のディナー、土日祝のランチ、ディナーはサービス料別途10%

JR京葉線蘇我駅東口より車で約20分

千葉／浜野

Italian

Ristorante Cornetto

リストランテ コルネット

❶ディナータイムの豪華なメインやパスタをリーズナブルに味わえる「リッチコース」2480円。写真はメインがパスタの週の一例「海胆と帆立のトマトクリームバベッティ」。内容は週替わりなのでお楽しみに ❷「リッチコース」のメインがお肉の場合の一例「牛フィレのソテーポートワインソース」 ❸「リッチコース」の「デザートプレート」は、イタリアの伝統的なデザートやオリジナルスイーツ、フルーツが盛られた贅沢な一皿

日本庭園を愛でながら
本格イタリアンに舌鼓

　純和風な店構えが特徴的なイタリアンレストラン。扉を開けると、畳敷きの落ち着いた和風空間が広がる。椅子にゆったりと腰かけ、四季折々の木々を配した日本庭園や池を鑑賞しながらお料理を楽しめる。

　料理のコンセプトは、「安心と驚きの両立する確かな味と独創的な美しさのあるイタリアン」。千葉ならではの鮮度の良い食材を用い、本場イタリアで修業を積んだシェフ・工藤浩範氏が腕を振う。ランチタイムは3つのコースを用意。どのコースもデザート付きで、リーズナブルな価格設定なのが嬉しい。また、ハロウィン仮装パーティーなどの各種イベントも開催しているのでお楽しみに。

その他メニュー

- 贅沢コース…1300円
- フィレンツェ風ティーボーンステーキ（要予約）…10800円

大きく取られた窓の外には、美しい庭園が広がる。心が洗われるような優雅な時間がここにはある。天気のよい日はテラス席もおすすめだ

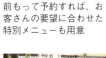

前もって予約すれば、お客さんの要望に合わせた特別メニューも用意

季節の移ろいを感じられる日本庭園にきっと癒されるはず

Ristorante Cornetto

☎	043-266-8030
住所	千葉県千葉市中央区浜野町194-1
予約	ランチ可　ディナー可
営業時間	ランチ11:30〜15:00(L.O.14:00) ディナー18:00〜21:30(L.O.21:00)
定休日	月曜（※ディナー）　火曜
席数	26席（うちテラス席6席、テーブル席20席）
禁煙席	全席禁煙
カード	不可
駐車場	8台（無料）

JR内房線浜野駅東口より車で約5分

千葉／学園前

French

La Cachette

ラ カシェット

❶濃厚なトリュフソースが絶妙な人気ナンバー1メニュー「和牛ヒレ肉とフォアグラのロッシーニ風」。「A、Bコース」にプラス1640円で楽しめる ❷少量ずついろんな味を楽しめると人気の「Bコース」に付く前菜「アトランティック・サーモンの自家製燻製と有機野菜のコンポジション」2360円。旬素材を使うため内容は日替わり ❸「A、Bコース」に付く「柔らかな帆立貝のフランにカリフラワーを忍ばせ貴腐ワインとトリュフのソースで」

完璧な火加減で仕上げる
極上ヘルシーフレンチ

　結婚式場の中にある一軒家をコンセプトにしたフレンチレストラン。大きな窓から、青空と手入れの行き届いた豊かな緑を眺めながら過ごすことができる。落ち着いた雰囲気の中、ゆったりと食事をいただけると地元客からも愛されている。

　料理は、千葉県産の有機野菜を中心に使用したヘルシーフレンチ。食材ごとの特徴を知り尽くした料理人が、完璧な火加減で素材の美味しさを引き出す。毎日届く新鮮素材でメニューを構成するので、行く度違う味を堪能できるのも嬉しい。ランチの後は、併設しているカフェでひと休みしたり、パン屋さんでお土産を購入したりしてはいかが？

その他メニュー

- Aコース…2360円
- Bコース…2880円
- Cコース…4500円

結婚式場ならではの清潔感溢れる店内。40人までの少人数のアットホームな会食にも対応しているので、スタッフに気軽に相談を

「選べるワゴンデザート」2360円は約15種から好みの3種を選べる

毎日農家からたくさんの有機野菜が届くため、素材は新鮮そのもの

La Cachette

☎ **043-293-1025（レストラン直通）**

住所	千葉県千葉市緑区おゆみ野中央1-12-1チェルシーコート内
予約	ランチ可
営業時間	ランチ11:30〜15:00(L.O.14:00)
定休日	土、日、祝、火曜※結婚式
席数	40席（テーブル席）
禁煙席	全席禁煙
カード	VISA、JCB、DC、マスター、アメックス、UC
駐車場	40台（無料）

京成千原線学園前駅東口より徒歩で約1分

千葉/土気

Italian

ristorante hanau

リストランテ ハナウ

❶前菜盛り合わせ、スープ、3種から選べる本日のパスタ又はハヤシライス、デザート、パン、ドリンクが付く「パスタランチコース」2100円。手打ちパスタは人気のため、売り切れる場合も ❷「イモ豚肩ロースのグリル 赤ワインソース」。さつまいもを飼料として育つ旭市のイモ豚は、肉質が柔らかく甘みが強い。「パスタランチコース」にプラス1050円で付けられる ❸本日の手打ちパスタの一例「ピチ ブラウンマッシュルームペースト」

予約必須！
人気美術館レストラン

　写実絵画専門の"ホキ美術館"内にあるレストラン。店内に足を踏み入れると、大きな窓が目を引く。ガラス越しに昭和の森公園の豊かな緑を眺めながら、本格的なイタリア料理とワインをいただける。

　こだわりは、素材を生かした料理作り。千葉県内の旬の食材とイタリア食材を融合させ、誰もがうっとりする美食を作り上げている。特に濃厚なソースが絡むもちもちの手打ちパスタとハヤシライスにはファンが多い。ランチタイムは予約で全席が埋まるほどの盛況ぶり。前もって予約をしておくのがベター。美術館に入館しなくても、レストランだけ利用できるのもうれしい。

大きなガラスで光を十分に取り入れている店内はとっても開放的。清潔感に溢れているので優雅なランチタイムを過ごせそうだ

食後のお楽しみは「デザート3種盛り合わせ」。月ごとに内容が変わる

その他メニュー
- ディナーはなうコース…3500円
- ディナーおすすめコース…5700円
- ディナーシェフおまかせコース…8400円

「素材を生かしたお料理を食べに来て下さい」とシェフの小島祥氏

ristorante hanau

☎ **043-205-1300**

住所	千葉県千葉市緑区あすみが丘東3-15 ホキ美術館1階
予約	ランチ可　ディナー可（ディナーは前日まで）
営業時間	ランチ 11:30～15:00(L.O.14:30) ディナー 17:30～（月はディナー休み）
定休日	火曜（美術館の休館日。火曜が祝日の場合は営業）12月24、30日～1月1日、5月7日
席数	40席（テーブル席）
禁煙席	全席禁煙
カード	VISA、JCB、DC、マスター、アメックス、UC、ニコス、セゾン
駐車場	50台（500円／終日）

JR外房線土気駅南口よりバスで約5分

千葉／誉田

French

La Rosette

ラ ロゼット

1	
2	3

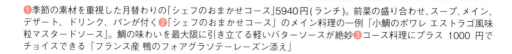

❶季節の素材を重視した月替わりの「シェフのおまかせコース」5940円(ランチ)。前菜の盛り合わせ、スープ、メイン、デザート、ドリンク、パンが付く ❷「シェフのおまかせコース」のメイン料理の一例「小鯛のポワレ エストラゴ風味 粒マスタードソース」。鯛の味わいを最大限に引き立てる軽いバターソースが絶妙 ❸コース料理にプラス1000円でチョイスできる「フランス産 鴨のフォアグラソテーレーズン添え」

クラシカルモダンな
隠れ家フレンチ

　閑静な住宅街に佇む、知る人ぞ知るフランス料理店。「アットホームなサービスでおもてなし」「食事で元気を回復する癒しの空間」をモットーとし、一流の味を提供。店内はバラをモチーフにしたクラシカルな内装。テーブルコーディネートやフラワーアレンジメントのセンスも抜群で、優雅な空間に仕上がっている。

　いただけるのは、フレンチの技法と基本を踏まえながらもオリジナリティをプラスしたクラシカルモダンな料理。フランス産のフルーツビネガーや果物や生野菜を使用したオードブルやサラダ、ソースが好評だ。夏限定の桃のスープや秋限定の栗のポタージュにもファンが多い。

その他メニュー

- ランチコース…4515円
- ディナーコース…6000円〜
- グラスワイン…800円〜

一軒家ならではのアットホームな雰囲気が魅力。シャンデリアの柔らかな光が店内を温かく包みこむ。昼、夜共に要予約なのでお早目に

庭を臨む6名用のメインテーブル。大切な記念日にも最適な空間だ

四季折々の花木が咲き乱れる美しい庭園にもセンスの良さが光る

La Rosette

☎	**043-294-8539（要予約）**
住所	千葉県千葉市緑区越智町822-48
予約	ランチ、ディナー共に予約のみの営業
営業時間	ランチ 11:30〜14:30 ディナー 18:00〜22:00
定休日	水曜
席数	16席
禁煙席	全席禁煙
カード	なし
駐車場	1台（無料）

JR外房線誉田駅南口よりバスで約10分

千葉／海浜幕張

French
La Cuisine de KAZU

ラ キュイジーヌ ドゥ カズ

❶ランチコースの「Menu B」1950円は、選べる前菜、スープ、選べるメイン料理、デザート、カフェが付く。写真は前菜の一例「春野菜のテリーヌ」❷前菜の一例「厚岸産生ガキ シェリーヴィネガーとエシャロットのソース」。水と淡水が混ざり合う厚岸湾の海で育ったカキは、コクがあり、とても甘くまろやか❸プラス320円で選べるメイン料理「鴨モモ肉のコンフィ」❹プラス450円で選べる「とろける黒毛和牛ほほ肉の赤ワイン煮込み」

生ガキ、ジビエ…美味なる食材で作るフレンチ

　海浜幕張駅から歩いておよそ15分。扉を開けると、職人の技と心がこもった木をふんだんに使った暖かな空間が広がる。南フランスを思わせる内装で、淡いピンクのテーブルクロスがアクセントになっている。料理は素材に妥協をしないフレンチ。ジビエやホワイトアスパラガス、トリュフ、フォアグラといったフランスや欧州の食材、エゾ鹿や厚岸産牡蠣、アメーラトマトなど全国各地の旬の素材。これら1つひとつを丁寧に調理して提供。中でもおすすめは「とろける黒毛和牛ほほ肉の赤ワイン煮込み」。赤ワインをたっぷりと使い、プラムと一緒にじっくりと煮込んだ極上の一皿。ご賞味あれ。

木の温かみが感じられるアットホームな空間。夜は柔らかな照明が灯るムーディーな空間に。収容人数9〜12人の個室も1室用意する

アイスクリームまで手作りというデザートもランチのお楽しみの1つ

ワインセラーを4台保有するほどこよなくワインを愛するシェフ

その他メニュー

- Menu A…1550円
- Menu C…2800円
- メイン料理…1300円

La Cuisine de KAZU

☎ **043-296-8822**

住所	千葉県千葉市美浜区打瀬2-10パティオス15番街1階
予約	ランチ可　ディナー可
営業時間	ランチ 11:30〜15:00(L.O.14:00) ディナー 18:00〜22:30(L.O.21:00)
定休日	水曜　第2火曜
席数	30席（テーブル席）
禁煙席	全席禁煙
カード	VISA、JCB、マスター、UC、ニコス、セゾン、TS3
駐車場	なし（※近隣にコインパーキングあり）

JR京葉線海浜幕張駅より徒歩で約15分

千葉／海浜幕張

Teppanyaki

ホテルニューオータニ幕張 「欅」

ホテルニューオータニマクハリ　「ケヤキ」

Hotel Lunch

❶季節により、旬の食材をふんだんに使用した内容で提供されるランチメニュー。写真は2014年の冬に登場した「冬の美食ステーキランチ」5400円（サ別）❷日本で唯一地名ではなく生産者の名を冠するブランド牛「尾崎牛」を使った「尾崎牛サーロインステーキ」15120円（サ別）。「佐賀産和牛」や「神戸ビーフ」のコースもある❸土壌からこだわった、美味しく珍しい野菜を月替わりで用意する「シェフこだわりの"活"野菜」2160円（サ別）

東京湾の絶景とともに極上の鉄板焼を堪能

　コンセプトは"美食"と"絶景"。ホテルニューオータニの最上階、24階から東京湾の見事な眺望を楽しみながら、厳選されたブランド和牛や、伊勢海老、鮑といった高級食材の上質な味・香り、そして目の前で熟練シェフが焼き上げる美味しい音を楽しめる。「その時期に一番美味しいもの」を厳選するなど、食材への徹底的なこだわりも魅力のひとつ。肉、魚介類はもちろん、育てる土壌からこだわった野菜類も必食だ。

　国内外のVIPも魅了し続けてきた贅沢な空間は、記念日や女子会など、とっておきの場面に最適。食後は同じ24階にある「ベイコートカフェ」での喫茶もおすすめ。

カウンター越しに広がる東京湾。その絶景を眺めながら逸品を食す気分は格別だ。夜の美しい夜景もぜひ体験してほしい

富士山も見えるという同階「ベイコートカフェ」からの眺め

目の前で繰り広げられるシェフの熟練の技が目を楽しませてくれる

その他メニュー

◆ 平日限定ステーキランチ
　…4212円(サ別)
◆ 特撰佐賀産和牛ステーキランチ
　…8640円(サ別)
◆ 特撰佐賀産和牛&鮑ディナー
　…19440円(サ別)

ホテルニューオータニ幕張　「欅」

☎ **043-299-1850**

住所	千葉市美浜区ひび野2-120-3　ホテルニューオータニ幕張24階
予約	043-299-1850
営業時間	ランチ 11:30～14:00(L.O.14:00) ディナー 17:30～21:30(L.O.21:30)
定休日	なし
席数	24席(カウンター席)
禁煙席	全席禁煙
カード	VISA、JCB、DC、マスター、アメックスなど
駐車場	300台(最初の1時間1000円、以降30分毎に500円、レストラン利用で4時間無料)

JR海浜幕張駅南口から徒歩で約5分

千葉／海浜幕張

French

Manhattan Dining
Bella Rusa

マンハッタン ダイニング「ベラ ルーサ」

❶おすすめ食材で仕上げた手軽なランチコース「ベル」2700円。スープ、前菜、本日の魚料理又は肉料理、選べるデザート、コーヒーが付く ❷フォアグラ又はシェフおすすめの前菜、魚料理又は肉料理をチョイスできる贅沢なランチコース「デコラティヴ」3780円。スープ、選べるデザート、コーヒーも付く ❸コース料理の中の一皿「ミニ・ロッシーニ」。看板料理の「ロッシーニ」を気軽に楽しめるように小さめのサイズにアレンジ

多くの美食家を虜にする魅惑の「ロッシーニ」

ホテル ザ・マンハッタン内に店を構えるフレンチレストラン。高い天井にゆるやかなカーブを描く窓が印象的な店内は、まるでコロニアルリゾートを思わせる。あちこちに飾られた海外から取り寄せたオブジェもインテリアのアクセントになっている。時間を気にせず、優雅にランチをいただける魅惑の空間だ。

そんな中で楽しめる料理は、厳選素材で作る洗練されたフレンチ。看板料理は「ロッシーニ」。イタリアのオペラ作曲家ロッシーニが愛してやまなかったという一皿で、牛フィレ肉にフォアグラのソテーとトリュフソースを添えたもの。他県から求めてくるファンも多いとか。

大きな窓からは豊かな緑が眺められ、温かな陽射しが心地良く感じられる。6〜11人が利用できる半個室も1室あり

記念日にはオプションが付く「アニバーサリーランチセット」が◎

シーズンごとに変わる見た目も美しいデザート。3種から選べる

その他メニュー
- アニヴェルセル（平日15名限定）…2160円
- アントレ…5400円
- プレミアム アニバーサリーランチセット…7560円

Manhattan Dining Bella Rusa

☎	043-275-3250
住所	千葉県千葉市美浜区ひび野2-10-1 ホテル ザ・マンハッタン2階
予約	ランチ可　ディナー可
営業時間	ランチ 11:30〜14:30(L.O.14:30) ディナー 17:30〜22:00(L.O.21:00)
定休日	なし
席数	36席（テーブル席）
禁煙席	全席禁煙
カード	VISA、JCB、DC、マスター、アメックス、UC、ニコス、セゾン
駐車場	160台（無料）

※別途サービス料10%

JR京葉線海浜幕張駅南口より徒歩で約4分

千葉／新浦安

Teppanyaki

鉄板焼
燔

テッパンヤキ ヒモロギ

Hotel Lunch

❶ 3種の料理から好みのものを選べる「燔 おすすめランチ」4800円。メインディッシュは「国産牛のステーキ」。料理内容は時期ごとに変わる ❷ 前菜、本日のスープ、サラダ、「国産牛のステーキ」又は「魚介の鉄板焼き」、ご飯、味噌椀、香の物、デザート、ドリンクが付く「燔 ランチ」3000円。写真は特製のバター醤油で味付けしたメインの「魚介の鉄板焼き」❸ 土日祝限定の「スペシャルランチ」8000円の選べる一品「フォアグラのソテー」

パノラマビューと
極上の鉄板焼きが御馳走

　浦安ブライトンホテル東京ベイの最上階にある鉄板焼きレストラン。天井ギリギリまでとられた大きな窓には、東京ベイの絶景が広がる。ディナータイムの夜景の美しさも格別だ。全席鉄板に面したカウンター席なので、どの席でも目の前でシェフのダイナミックなパフォーマンスを楽しみながら食事を堪能できる。

　料理は、特選黒毛和牛やフォアグラ、オマール海老……厳選食材で作る鉄板焼き。熟練の職人がベストな火加減で仕上げ、秘伝のソースで味付けする。素材の美味しさが際立つ仕上がりだ。料理との相性にこだわってセレクトされたワインと共にいただけば、大満足間違いなしだ。

大きな窓から差し込む光が心地よいカウンター席。シンプルで落ち着いたインテリアなので、ゆったりと食事を楽しめそう

ワインセラーには幅広くソムリエが厳選したワインがぎっしりと並ぶ

「季節感溢れるお料理をお楽しみ下さい」とシェフの菊川晋平氏

その他メニュー

- 特選和牛ランチ…7000円
- 本日のお魚料理…1200円
- フォアグラのソテー…1600円

鉄板焼 燔

☎	047-350-9096
住所	千葉県浦安市美浜1-9 浦安ブライトンホテル東京ベイ 22階
予約	ランチ可　ディナー可
営業時間	ランチ 11:00〜15:00 (L.O.14:30) ディナー 17:30〜22:00 (L.O.21:30)
定休日	なし
席数	31席 (カウンター席)
禁煙席	全席禁煙 (※店舗入口に喫煙スペースあり)
カード	VISA、JCB、DC、マスター、アメックス、UC、ニコス、セゾン
駐車場	167台 (レストラン利用で3時間無料、以降400円／1時間)

※料理は全て税サ込

JR京葉線・武蔵野線
新浦安駅北口より徒歩で約1分

成田／成田

Japanese

共歓一椀　しんしん

キョウカンイチワン　シンシン

❶会席料理がコンパクトにまとめられたランチのミニ会席コース「華」2592円。手軽に会席を楽しむことができる、人気のランチメニューだ。❷さらに豪華なランチを楽しみたいのなら、「舞」コース5184円もおすすめ。先付からお造り、煮物、焼き物などを取りそろえた本格会席を存分に楽しむことができる。❸季節の素材を使った一品料理が豊富なのも、このお店の魅力。写真は「金目鯛の煮付け」3240円

モダンな和空間で
新鮮素材を心ゆくまで

　成田山新勝寺の表参道沿いにある、スタイリッシュな外観が目を引く和食料理屋さん。

　シックな色使いの店内は、明るくやわらかな光が射し込む開放的な雰囲気。竹の装飾品やぼんぼり型の照明など、品の良いインテリアを随所に用いていて、外観とはうって変って和のテイストにあふれている。

　提供される料理は、毎日市場で仕入れてくる新鮮な旬の味覚たち。素材の味を楽しんでもらいたいゆえに、あえて控えめの味付けになっている。日本酒や焼酎などの種類も豊富で、レアな銘柄も充実している。美味しいお酒とともに、心をこめて調理された品々をじっくりと堪能したい。

モダンなインテリアがあちこちに配された店内は、スタイリッシュかつ落ち着いたムード。繊細で上品な料理の数々もより映える

その他メニュー
- ◆ 歌(ランチ)…3672円
- ◆ 煮魚御膳(ランチ)…2592円
- ◆ 天婦羅御膳(ランチ)…1944円

掘りごたつ式になっている個室。ゆっくりくつろいで食事ができる

共歓一椀　しんしん

☎ **0476-22-4252**

住所	千葉県成田市上町549-1
予約	ランチ可　ディナー可
営業時間	ランチ 11:00〜15:00(L.O.14:00) ディナー 17:00〜23:00(L.O.22:00)
定休日	不定休
席数	60席
禁煙席	全席喫煙可
カード	VISA、JCB、DC、マスター、アメックス、ダイナース　など
駐車場	11台(無料)

JR京成線成田駅より徒歩で約5分

成田／成田

French

Chaleureux FRENCH
Le temps d'or

シャルル フレンチ ル タンドール

❶プリフィクススタイルで楽しめる「ランチCコース」。前菜、魚料理、肉料理、デザート盛り合わせ、自家製パン、コーヒー又は紅茶が付いて 2600 円❷なめらかな口どけで絶品の「フォアグラと鶏レバーのムース」。ブルーベリージャムと一緒に召し上がれ。850 円。コースプラス料金ランチ 350 円、ディナー 300 円❸甘めのソースが上質なウナギの美味しさを引き立てる「国産ウナギのグリル マライラソース」3600 円（ランチのみ）

自家製にこだわりが光る本格フレンチの名店

　成田山の表参道から路地に入ったところに佇む隠れ家レストラン。店名の「ル・タンドール」とはフランス語で"金の時"という意味。お洒落な空間で本格派フレンチを心ゆくまで味わってもらいたい…そんな思いが込められている。

　料理はフレンチをベースに、他国の食材や調味料をさりげなく取り入れ、新しいエッセンスをプラス。素材は産地にこだわり、千葉や埼玉県産の無農薬野菜を使用。スモークサーモンや肉のテリーヌ、パンに至るまで自家製にこだわる。約120種の世界各国から取り揃えるワインも魅力。気軽にソムリエに相談して料理に合わせて選んでもらおう。

その他メニュー

- ランチAコース…1400円
- ランチBコース…1800円
- ランチシェフのおまかせコース…4100円

白を基調とした温かみのある店内。上品なインテリアでまとめられた個室も3室あり、6〜40人まで対応。記念日などにぜひ利用したい

3種の自家製パンがあり、お替り自由。写真は一番人気の全粒粉パン

「気軽にフレンチを楽しんでほしい」とシェフの加藤朋之氏

Chaleureux FRENCH Le temps d'or

☎	0476-24-7612
住所	千葉県成田市上町507-2
予約	ランチ可　ディナー可
営業時間	ランチ 11:30〜15:00(L.O.14:00) ディナー 17:30〜22:00(L.O.21:00)
定休日	水曜
席数	90席
禁煙席	全席禁煙
カード	VISA、JCB、DC、マスター、アメックス、楽天
駐車場	なし

JR成田線成田駅東口より徒歩で約7分

成田／成田

Japanese

菊屋

キクヤ

❶成田名物の川魚をメインとした人気のコース「上川魚御膳」4600円。内容は前菜、鯉の洗い、うな重、鯉こく、おつけもの。鯉こく（写真右）など、伝統的で味わい深い川魚料理を堪能できる ❷お魚だけではなくお肉系も充実。写真は国産豚ひれを使った人気の「ひれかつ定食」1800円 ❸見た目も豪華な「伊勢海老お造り」は時価。その日の朝、魚河岸で仕入れた新鮮な伊勢海老を使用しているだけに、味も歯ごたえも格別

絶品うなぎを味わえる
成田山新勝寺門前の老舗

　うな重や成田名物の伝統的な川魚料理を味わえる、成田山新勝寺門前の日本料理店。築約150年の歴史を誇る建物内には、江戸時代の書画や骨董が飾られており、それらを眺めるだけでも心洗われる。それらの内装から、料理、サービスにいたるまで、「最高のおもてなし」をモットーとする、お店の気概が表れている。

　なんといっても味わってほしいのが、産地証明書付きの国産鰻のみを使用した「うな重」。海外セレブも魅了した逸品だ。創業以来の秘伝のタレで味付けた上品な味わいのうなぎを口にすれば、お店のこだわりや大切に守り抜いている伝統が、かならずや伝わってくるはずだ。

上品でくつろげる雰囲気にあふれた店内。老舗らしい風格をそこはかとなく漂わせている。1階に飾られた福沢諭吉の書も必見

その他メニュー

◆ 百寿(おまかせコース)…5400円
◆ 千寿(おまかせコース)…8640円
◆ 万寿(おまかせコース)…10800円

大正ロマンを感じさせる個室。プライベートな時間を過ごせる

日本情緒あふれる魅力的な演出の数々が目を楽しませてくれる

菊屋

☎	0476-22-0236
住所	千葉県成田市仲町385
予約	ランチ可　ディナー可
営業時間	10:00〜21:00(L.O.20:30) ランチ 10:00〜17:00(L.O.17:00)
定休日	なし
席数	160席
禁煙席	一部喫煙可(喫煙席10席)
カード	VISA、JCB、マスター、アメックス、UC、ニコス、セゾン、ダイナース、銀聯
駐車場	市営駐車場(カードを提供)

JR・京成線成田駅より徒歩で約10分

Western

ステーキハウス
听 成田店

ステーキハウス ポンド ナリタテン

❶❷その日の熟成具合が最高の部位をランチから贅沢に楽しめる。写真は「本日の熟成和牛ウチモモのステーキ１／２ポンド（225g）ランチ」2480 円。炭火で焼いたお肉はボリュームたっぷりで柔らかく芳醇な香りとともに、まずはそのままで、次にオリジナルソースやわさび、岩塩など、幾通りも楽しめる。❸サイコロステーキ１／４ポンド（120g）のランチ 1480 円は、赤身、霜降りなどお店で扱う 17 種類の熟成肉のいずれか数種が味わえてお得。ランチタイムはライス、味噌汁、サラダ、お新香、パン、スープは、おかわり自由で価格は全て税込

落ち着いた大人の空間で熟成肉の味に酔いしれたい

　今話題の熟成肉を堪能したいなら、こちらがオススメ。鹿児島県の熟成和牛飼育専門の農場から1頭買いにこだわる仕入れ。店内に設置された専用の熟成庫で徹底管理の下、じっくりと最高の状態で熟成させたのちに、提供されている。

　熟成された和牛ならではのステーキで味わえる赤身肉をはじめ、ボリュームたっぷりの骨付きリブや人気のサーロインなど、提供する部位も豊富。京野菜をはじめとしたサイドメニューも充実しており、セレクトした赤ワインにもよく合う。隠れ家的な落ち着いた雰囲気の中で、上質の肉と料理をグラスを傾けながらゆっくりと味わいたい。

その他メニュー
- 熟成和牛のハンバーグ 1/2ポンド…1790円
- ポンド名物キーマカレー（サラダ・漬物付）…1280円
- 熟成和牛のカツサンド…1320円

本店は京都。京町家をイメージした和モダンな落ち着いた雰囲気の中で熟成肉ステーキを楽しめる。店内奥には小上りの個室も完備

「骨付きリブロース 1.5ポンド」6800円も熟成肉ならではの芳醇さ

産地にもこだわり仕入れている和牛は店内で徹底管理の下で熟成

ステーキハウス 听 成田店

☎ 0476-85-7228

住所	千葉県成田市東町211-3
予約	ランチ可　ディナー可
営業時間	ランチ 11:30～14:00(L.O.13:30) ディナー 日～水曜17:30～22:00(L.O.21:00) 金・土・祝前日17:30～23:00(L.O.22:00)
定休日	不定休
席数	42席
禁煙席	ランチタイムは全席禁煙（ディナータイムは一部喫煙可）
カード	VISA、マスター、アメックス、ダイナーズ、JCB
駐車場	9台（無料）

JR京成線成田駅成田参道側より徒歩で約10分

Japanese

日本料理
翁

ニホンリョウリ オキナ

❶厳選した豚肉をしゃぶしゃぶで堪能できるほか、その日仕入れた新鮮な刺身、天ぷらなど和食の贅をつくした料理を楽しめる「ランチコース」❷海の幸、山の幸、肉や魚など旬のものを贅沢に堪能できる「お祝い膳」は、おめでたい席にぴったりの華やかな内容。5500円より❸コースのほかにも、定食やそば、寿司などのメニューも豊富に用意。日替わりのランチメニューも刺身、天ぷら、肉・魚料理がセットになり、大満足の内容。1300円より

成田エリアで最大級の老舗日本料理屋

　成田空港や成田山新勝寺のほど近く。美しい自然とともに歴史が感じられる風情あふれるエリアに構える同店は、成田で本格的和食を堪能できる最大級の日本料理店。美しく手入れされた純和風庭園と、シックで落ち着いた雰囲気の店内は、大人の和を感じることができる。

　こだわり抜いた旬の食材を使い、季節感あふれる本物の味を提供するのがこちらのモットー。旬の食材を巧みに取り入れたメニューは200種にものぼり、コースだけでなく、気軽に楽しめる定食や1品料理の用意も。どの料理からも繊細な味わいと、日本料理ならではの美しさを感じることができる。

その他メニュー

- そば御膳…2600円
- 特上ちらし…3200円
- 特上うな重…3500円

上質な大人の和を感じられる店内。美しい日本庭園を囲むように、宴会場や大小の個室や、お茶会での利用が可能な茶室などの用意もあり

部屋は少人数利用が可能な個室、120名までの大宴会場などさまざま

美しく手入れされた庭園を眺めながら、贅沢のひとときを

日本料理 翁

☎	0476-22-3338
住所	千葉県成田市美郷台3-1-14
予約	ランチ可　ディナー可
営業時間	11:30〜22:30（L.O.22:00） 日・祝 11:00〜21:30（L.O.21:30）
定休日	不定休
席数	200席
禁煙席	全席喫煙可
カード	VISA、JCB、マスター、アメックス
駐車場	65台（無料）

JR京成線成田駅西口より徒歩で約8分

成田／公津の杜

Italian

PORCELLINO

ポルチェリーノ

❶おすすめのバーニャカウダにパスタ、メイン料理、ドルチェなどが並ぶ「ランチコース」2700円。パスタは3種、メインは3種からチョイスできる❷「とれたて野菜のバーニャカウダ」950円は、自家栽培の有機野菜を、アンチョビとニンニクのあたたかいソースにつけて味わう人気メニュー❸かみしめるほどにおいしい「熊本産あか牛のロースト」は、ランチコースならばプラス600円でメイン料理に。ディナーではアラカルトとして提供。M2400円、L3400円

イタリアンでいただく
自家菜園の有機野菜

　大切な記念日から友人とのランチ、家族での昼食まで、多彩なシチュエーションにマッチするイタリアンレストラン。人気はランチコースで、パスタ、メイン料理ともに好みのものをセレクトできる。加えて常連客が楽しみにしているのが、バーニャカウダでいただく、たっぷりの新鮮野菜だ。シェフの父が農場長を務める自家菜園「ポルチェリーノ・ファーム」で栽培された採りたて有機野菜は、安心なのはもちろん、豊かでジューシーな味わいがたまらない。明るい空間で楽しめるランチから一変、ディナーでは照明を落とした大人のレストランに変身。ワインのバリエーションも豊富にそろう。

ゆったりと食事ができるテーブル席のほか、気軽なカウンター席もある。ランチタイムは明るい店内で、野菜たっぷりのヘルシーな食事を

その他メニュー
- パスタランチ…1780円
- シェフおまかせランチ（要予約）…4200円
- ポルチェリーノディナー…4860円　アラカルトも充実

大切な人との会食ならば、2〜4名の個室も（ルームチャージ1000円）

ソムリエセレクトのグラスワインセット有。アラカルトも豊富

PORCELLINO

☎ 0476-36-7430

住所	千葉県成田市公津の杜2-6-8
予約	ランチ可　ディナー可
営業時間	ランチ 11:30〜15:00 (L.O.14:00) ディナー 17:30〜23:00 (L.O.22:00※コース料理は20:30)
定休日	日曜
席数	24席
禁煙席	全席禁煙
カード	VISA、マスター、アメックス、ダイナース、JCB
駐車場	7台(無料)

京成線公津の杜駅より徒歩で約8分

成田／公津の杜

Japanese

鰻処さかた

ウナギドコロサカタ

❶前菜盛り合わせ、お造り盛り合わせ、お椀、天ぷら、うな丼、漬け物、デザートがついた、美味しいものが満載の至れりつくせりのコース「旬懐石コース」3400円。要予約 ❷脂の乗った、太めの鰻の半身を使った「半身鰻重（特上）」1950円。秘伝のタレで仕上げた鰻を、じっくり心ゆくまで味わいたい人におすすめ。❸一品料理にもご注目。千葉県の銘柄鶏を使った「錦爽鶏の塩焼き」800円。シンプルな塩焼きで素材の味を堪能したい

申し訳ありません。
切手を
お貼りください。

郵便はがき

102-0093

東京都千代田区平河町一丁目1—8
麹町市原ビル4F

メイツ出版株式会社　編集部　行

※さしつかえなければご記入ください。

お買い上げの本の題名	
あなたのお名前　　　　　男・女　　歳	お買い求め先(書店,生協,その他)

ご住所
〒
Tel.
Fax.　　　　　　　e-mail

本書のご感想、あなたの知っているとっておきの情報、お読みになりたいテーマなど、なんでもお聞かせください。

....

....

....

....

....

....

....

....

....

....

....

....

ありがとうございました。

スタイリッシュな空間で
こだわりの鰻を堪能

　「季節感」と「和の空気」をコンセプトにかかげる、鰻専門店。住宅地の静かな環境に建つお店の外観は、和の要素を巧みに取り入れた、スタイリッシュでモダンな印象。店内に入ると、ジャズがBGMで流れるなど、伝統的な鰻店とはひと味違ったおしゃれな雰囲気が魅力だ。

　国産鰻にこだわり、絶妙な「蒸し」と「焼き」が施された鰻は、専門店ならではの格別なもの。自家製のタレでじっくりと仕上げている。山椒は京都の七味屋から取り寄せるなど、細かいところにまでこだわり抜くのはこのお店ならでは。

　2名席、個室、お座敷とあり、様々なシーンで利用できるお店だ。

木目が温かみを演出する、まるでカフェのようにおしゃれなムード満点の店内。若い女性でも気軽に入りやすい

その他メニュー

◆ 鰻巻玉子…1000円
◆ どじょうから揚げ…1000円
◆ うざく(鰻の酢の物)
　　…1100円

お座敷も利用可能。8人～10人に対応できるスペースがある

4人用の個室。掘りごたつ式で足が疲れないのもうれしい

鰻処さかた

☎	0476-29-6586
住所	千葉県成田市公津の杜2-17-11
予約	ランチ可　ディナー可
営業時間	ランチ 11:00～15:00 (L.O.14:30) ディナー 17:00～22:00 (L.O.21:30)
定休日	水曜
席数	54席
禁煙席	全席喫煙可
カード	VISA、JCB、アメックス　など
駐車場	16台(無料)

京成線公津の杜駅から
徒歩で約10分

成田／公津の杜

Italian

Ristorate Anton

リストランテ アントン

❶いろいろな種類のイタリアンメニューを少しずつ楽しめると、女性から絶大な支持を受けている「アントレプレートランチ」1皿で前菜からパスタ、メインまでもが楽しめる。ドルチェとドリンクも付いて2484円 ❷外はパリッと中はロゼ色絶妙に焼き上げた「子羊のロースト」はとってもジューシーで、ラム肉のうまみを心ゆくまで堪能できる。1728円 ❸スカンピ（手長海老）を生ハムで巻き、ローストした贅沢な1品。季節野菜のフリットを添えて。1728円

女性1人でも大歓迎の
カジュアルリストランテ

　公津の杜駅から徒歩3分。カジュアルな雰囲気とあたたかい接客で、女性一人でも入りやすいリストランテ。カフェタイムにドルチェを楽しんだり、アラカルトでパスタや鮮魚を使った料理や種類豊富な肉料理を組み合わせたり、フルコースを堪能したりと、その日の気分に合わせ、さまざまな楽しみ方ができるのもうれしいところ。ほぼ毎日メニューが替わるので、行くたびに違う味わいに出会えるのも、また次に訪れる楽しみの1つになる。ワインの種類も充実しているので、お酒とともに楽しみたいなら、2名のソムリエから料理に合ったワインをぜひアドバイスしてもらおう。

ドルチェの美味しさも評判が高い同店。店内中央に置かれるケーキのショーケースの中には常時40種類ものドルチェを用意している

契約農家などから仕入れる無農薬野菜を使用。トマトには特にこだわる

バースデーやウエディングのケーキの注文も受け付けている

その他メニュー
- 鮮魚のカルパッチョ…1134円
- 生ハムとルッコラのピッツア…1360円
- 牛ホホの赤ワイン煮込み…2700円

Ristorate Anton

☎ **0476-27-0700**

住所	千葉県成田市公津の杜3-6-4 公津タウンビル1F
予約	ランチ可　ディナー可
営業時間	11:00～22:00(L.O.21:00)
定休日	なし
席数	60席
禁煙席	全席禁煙
カード	カード使用不可
駐車場	14台(無料)

京成線公津の杜駅より徒歩で約3分

成田／成田

French

VILLA-de-ESPOIR

ヴィラ - デ - エスポワール

❶その日届いた新鮮な旬の素材を使ったシェフによるおまかせコース。前菜、スープと、パスタか肉料理もしくは魚料理が選べる。「Cコース」4000円。❷こちらはコース料理の一例。契約農家から届く無農薬、有機栽培の野菜など季節ごとに変わる食材をシェフが美しい料理へ変身させる。単品での注文も可能だ。❸コースの中でも人気の高い「牛フィレ肉のポワレ 赤ワインソース」。柔らかく、肉のうまみをしっかりと感じられる。こちらも単品での注文が可能

美しい自然とともに、ごちそうランチを楽しめる

　房総の美しい自然に囲まれた邸宅レストラン、その日に届く食材を使い、シェフおまかせの料理を日替わりで堪能できるのがこちらの楽しみのひとつ。なかでも野菜へのこだわりは特筆すべきものがある。契約農家から毎日届けられる野菜は、無農薬や有機栽培されたもの。野菜の苦手な人でもその美味しさには驚くほどなのだとか。シェフの手によって美しい料理に姿を変えた10種類以上の野菜を心ゆくまで堪能することができる。コース料理のほかにも、特別な日を祝うケーキや花束などをオプションでつけることも可能。女子会やお祝いの席などがより一層楽しい時間になること請け合いだ。

美しい四季折々の花と緑に囲まれた邸宅風のレストラン。女子会やママ友ランチ、また、特別な日のランチに使う人も多いとか

ウエディングレストランとしても名高い同レストラン

その他メニュー
- メインが選べるコース（Aコース）…1900円
- 手軽に贅沢コース（Bコース）…2600円
- Anniversary…5000円

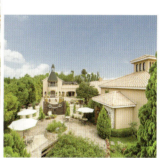

美しい景色に囲まれた南仏プロフヴァンス風の邸宅レストランだ

VILLA-de-ESPOIR

☎	0476-92-3280
住所	千葉県富里市七栄86-10
予約	ランチ可
営業時間	11:30〜15:00(L.O.14:00)
定休日	火曜
席数	40席
禁煙席	全席禁煙
カード	VISA
駐車場	60台(無料)

JR・京成線成田駅東口より車で約15分

成田／佐倉

Original
欧風創作料理
森のレストラン CUOCO

オウフウソウサクリョウリ　モリノレストラン クオーコ

❶写真はコース料理の1つ。色とりどりの野菜とシーフードをサラダ仕立てにした前菜に心も踊る。手ごろな価格ながらも、前菜、パスタ、肉か魚から選べるメイン料理までを味わえる充実の「Aコース」が人気。2160円 ❷コースのパスタは、四季の食材を取り入れた日替わりで楽しめる。このほかにアラカルトでも注文可能なパスタやピザのメニューもある ❸ある日のメインの魚料理。食材の味わいを最大に引き出し、色とりどりの野菜を合わせた美しい一皿

自然に囲まれた個性豊かなレストラン

　まさに、森の中の一軒家レストランという言葉がぴったりなのがこちらのお店。フレンチとイタリアンをベースにした創作料理を提供しているが、シェフが手掛ける料理の数々は、見た目の美しさもさることながら、毎日市場に足を運び仕入れるという新鮮な魚や、地元産の野菜を使うなど、随所にこだわりや食への愛情を感じられるものばかりだ。

　また、アットホームで心のこもった接客もこちらの魅力。オープンして14年、足繁く通う根強いファンがいるというのもうなづける。美しい緑、心地のよい空間、そして美味しい料理。何時間でも滞在したい気持ちにさせてくれるレストランだ。

その他メニュー

- Bコース…3240円
- シェフにおまかせコース…5400円
- 小さなコース…1836円

まるで高原に来たかのような、美しい緑がに囲まれた最高のロケーション。あたたかいもてなしを受けながら日常を忘れて食事を楽しみたい

春は桜、秋は紅葉が美しいテラス、天気の良い日はここでの食事もいい

イタリアンとフレンチの美味しさを取り入れた料理がいただける

欧風創作料理 森のレストラン CUOCO

☎	043-481-5258
住所	千葉県佐倉市下勝田423
予約	ランチ可　ディナー可
営業時間	ランチ 11:00～15:00(L.O.14:00) ディナー 17:00～21:00(L.O.20:00)
定休日	水曜(祝日の場合は要問合せ)※夏季、年末年始休業あり
席数	30席
禁煙席	ランチタイムは全席禁煙
カード	使用不可
駐車場	12台(無料)

JR佐倉駅より車で約20分

成田／佐倉

French
Cuisine Française Chez Mura

キュイジーヌ フランセーズ シェ ムラ

❶オードブル、スープ、メインディッシュ、デザートとそれぞれを選べるプリフィクススタイルの大満足のコース。「ランチ B コース」2700 円 ❷フランス産のトップグレードの鴨を外はカリッ、中はふわっと絶妙な火加減でポワレに。口に含むたびに豊かな香りとコクが楽しめる。「フォアグラのポワレ」2592 円 ❸いとよりや鱈、ホタテのすり身をベースに数種類の新鮮な魚介類を合わせ手間ひまかけて、美しく、目にも美味しく仕上げた一品。「魚のテリーヌ」1188 円

美味しさと美しさを一皿で堪能できる

　日常を忘れ、優雅に食事の時間を楽しめる本格派フレンチレストラン。食材の鮮度にこだわることはもちろん、色彩にもこだわり、料理を提供している。旬の食材や野菜を使った料理は、目にも楽しめるものばかり。中でも数種類の野菜を贅沢に使った料理は、その美しさに息をのむほどだ。コースもプリフィクススタイルをとるなど選べる料理の種類も豊富ながら、決して手を抜かず、下処理も丁寧に行うのがシェフの流儀。だからこそ素材の味わいを最大限に引き出すことができるのも納得できる。一品一品を丁寧に作るため、じっくり味わうなら、ランチ時も予約することをオススメする。

その他メニュー
- ランチCコース…4320円
- 子羊背肉のロースト…3132円
- 漁師風魚のスープ…756円

アットホームなもてなしがモットー。少人数での利用はもちろん、パーティーにもぴったりな7名〜40名までの利用可能な個室も用意している

珍しいものを含め、色とりどりの野菜を豊富に使うのもこだわり

オードブルからデザートまで1品1品がすべてシェフの手によるもの

Cuisine Française Chez Mura

☎ **043-484-1640**

住所	千葉県佐倉市表町3-1-5
予約	ランチ可　ディナー可
営業時間	ランチ 11:30〜14:30(L.O.13:30) ディナー 17:30〜22:00(L.O.20:30)
定休日	月曜　※その他不定休あり
席数	66席
禁煙席	全席禁煙
カード	VISA、マスター、UC　※ディナーのみ使用可
駐車場	5台(無料)

JR佐倉駅北口より徒歩で約1分

成田／佐倉

Japanese

馳走　かく田

ちそう　かくた

❶趣のある桜皮細工の弁当箱に、お造りや煮物、焼き物など四季折々のおいしい料理をちょっとずつ盛り込んだ「彩り弁当」2800円は、ランチ限定メニュー。女性に人気で、お酒を飲みながらの食事にもぴったり ❷「旬菜膳」2200円は、旬の食材や自家栽培の有機野菜などをふんだんに使い、てんぷらや煮物で楽しめるお膳。気軽に日本料理を楽しめるランチメニュー ❸自家栽培のお米と、旬の食材を土鍋でほっこりと炊き合わせた「季節の土鍋ごはん」は1800円から

旬の食材を使った「おまかせ」料理に舌鼓

　暖簾をくぐると、そこにはまるで京都の町家を思わせる風情が漂っています。提供されるのは、この雰囲気に合った本格的な和食。店主自ら走り回って新鮮な食材を集め、心のこもった上質な料理に仕立てくれる。基本的にはすべておまかせ料理。というのも、その日仕入れた旬の鮮魚や野菜を調理するため、その時々で料理の内容が変わるのだ。どの一皿も『馳走』という店名通りの出来栄え。だしをしっかり取ることにより、素材本来のうま味を最大限に引き出しており、「味付けが優しい」と好評なのもうなずける。日本酒も多彩にそろっているので。お酒好きなら、次は夜に行きたくなるのでは？

京都に旅したかのような雰囲気を楽しめる店。細やかな和のしつらいに包まれて、本格的な日本料理に舌鼓を打つ贅沢な時間が楽しめる

その他メニュー

- ◆ 会席料理　天神…7000円
- ◆ 会席料理　下鴨…8500円
- ◆ 四季膳…1700円
  （平日ランチのみ、10食限定）

落ち着いた雰囲気の個室には、茶室をイメージした部屋も

お酒の種類が豊富で、特に日本酒は限定品やレア物など品ぞろえが充実

馳走　かく田

☎	043-308-3383
住所	千葉県佐倉市大崎台1-20-5　パストラル佐倉101
予約	ランチ可　ディナー可
営業時間	ランチ 11:30～14:00(L.O.13:30) ディナー 17:00～22:00(L.O.21:00)
定休日	月曜
席数	29席
禁煙席	一部喫煙可、ランチタイムは全席禁煙
カード	VISA、マスター
駐車場	5台（無料）

JR佐倉駅より徒歩で約5分

成田／志津

Italian
Restaurant Masaichi
レストラン マサイチ

❶本日の１品、ミニサラダ、パン、パスタ、コーヒーが付く「レディースセット」1290円〜。パスタは、一番人気の「イセエビみそクリームパスタ」又は「本日のパスタ」から選べる。また、前菜やデザートをプラス 300 円前後で追加可 ❷「特選天然イノシシのソテー」2500円（※11〜3月入荷日のみ限定メニュー）❸旬の食材をふんだんに使ったディナー限定「シェフのスペシャルコース」9000 円（要予約）。大切な人との記念日に最適

誰もがまた食べたくなる至福のスペシャリテ！

ホテルオークラ東京、ヨーロッパのミシュラン2ツ星獲得店等で4年間修業後、「レストラン マサイチ」をオープンしたオーナーシェフ工藤さん。素材になみなみならぬこだわりを持ち、肉はやはり日本最高級仙台牛、茨城県産常陸牛などを使用。魚は自分で手釣りしに行くこともあり、その日の新鮮なうちに調理し、提供してくれる。

スペシャリテは「イセエビみそクリームパスタ」。口に含むと濃厚な海の旨味がジワッーと広がっていく。9割のお客さんがオーダーするという人気っぷり。ランチタイムは、このパスタを求めるお客さんですぐに満席になるという。ぜひご賞味あれ。

ボルドー色のテーブルクロスが上質な空間を演出。肩肘はらず、おしゃべりしながら食事できる雰囲気だ。喫煙可の半個室2室もあり

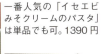
一番人気の「イセエビみそクリームのパスタ」は単品でも可。1390円

その他メニュー
- シェフ手釣り 旬の魚のカルパッチョ…950円～
- 朝焼き自家製フォカッチャ…380円
- 地元農家の焼き野菜バーニャカウダ…950円

素材オタクと言われるほど食材の質を追求するシェフの工藤雅一氏

Restaurant Masaichi

☎	043-308-7748
住所	千葉県佐倉市中志津1-6-6
予約	ランチ可　ディナー可
営業時間	ランチ 11:30～14:30(L.O.14:00) ディナー 17:30～22:00(L.O.21:30)
定休日	月曜(祝日の場合は翌日)
席数	28席
禁煙席	一部喫煙可(※ランチタイムは全席禁煙)
カード	なし
駐車場	4台(無料)

京成線志津駅南口より徒歩で約6分

成田／佐原

French

レストラン夢時庵

れすとらん むーじゃん

❶最高の火加減で提供される極上品「国産牛サーロインのグリル 赤ワインソース」ランチコースのメインに選択できる。レモンと塩でシンプルにいただくのもおすすめ❷地元銚子港から水揚げされた「鮮魚のお料理」。最高の状態、最高の調理法で提供してくれる❸サラダの下に手の込んだ前菜数種が隠れていて、宝探し気分で楽しめる一皿「シェフ特製前菜盛り合わせたっぷりサラダ」。1、2、3全てランチコースメニュー2300円で楽しめる料理だ

お洒落な和風家屋で本格フレンチに舌鼓

　明治34年からある重厚な建造物をリノベーションしたフランス料理店。店内は古き良さを残しつつもモダンな要素をプラス。風情あるお洒落な空間に仕上がっている。

　こちらで頂けるのは「しあわせ絆牛」や「恋する豚」といった千葉ブランドの肉や銚子港の地魚などを贅沢に使った本格フレンチだ。ランチタイムのおすすめは、「ランチコースメニュー」。前菜盛り合わせとサラダ、スープ又はハーフパスタ、選べるメイン、天然酵母を使った自家製パン、デザート、コーヒーという構成。地元の素材の持ち味が光るお料理の数々に、プライスをはるかに超える満足感を得られるはずだ。

その他メニュー
- おすすめ本日のパスタ…1600円
- 牛ほほ肉の赤ワイン煮込み…2000円
- 手づくりハンバーグステーキ…2000円

※上記はサラダ、デザート、パン、コーヒーが付く「お手軽ランチメニュー」

和モダンテイストの店内。空間を広くとっており、快適に過ごせる。個室は4～6人用の洋風個室と8～12人用のお座敷個室の2部屋あり

中2階の洋風個室からは小野川と佐原の美しい街並みを臨める

「自家製ガトーショコラ」などの自家製ケーキも評判だ

レストラン夢時庵

☎	0478-52-2466
住所	千葉県香取市佐原イ3403-2
予約	ランチ可　ディナー可
営業時間	ランチ 11:30～14:00 (L.O.14:00) ディナー 17:30～20:30 (L.O.20:30)
定休日	火曜
席数	40席(テーブル席)
禁煙席	全席禁煙
カード	アメックス、DC、JCB
駐車場	10台(無料)

JR成田線佐原駅より徒歩で約10分

成田／佐原

French

AUBERGE DE MANOIR 吉庭

オーヴェルジュド マノワール キッテイ

❶「松花堂 旬の味覚弁当」のメニューの一例。季節の食材を使い、刺身や天ぷら、魚料理などを彩りよく美しく盛り込んだ和風弁当仕立てにしたランチメニュー。1950円 ❷「錦爽鶏のロースト」1296円。アラカルトでもランチのコースでも人気の高いメニューだ ❸ 大きな窓から差し込む光が心地のよいテラス。築100年の邸宅をリノベーションしたという店内は古き良さも残し、情緒にあふれている

料理の枠にとらわれず
美味を楽しむ喜び

　フランス料理の名店、銀座レカンの創設メンバーであるオーナーシェフの吉塚義雄氏が「あそびごころを楽しんでいただくこと」をコンセプトにオープンしたレストラン。フレンチの枠にとらわれずに、和や洋のエッセンスも取り込み、独自で美しい料理の数々を生み出している。

　古い街並みが残る佐原エリアにあるだけあり、こちらの店も築100年の邸宅をリノベーションし、情緒を残した佇まいは、踏み入れるだけでどこか懐かしく、落ち着いて食事を楽しむことができる。美しく手入れされた800坪の日本庭園も圧巻。ロケーションの良さと上質の料理が楽しめると地元でも評判が高い。

しっとりと落ち着いた雰囲気の中で食事が楽しめる個室。美しい日本庭園を眺めながら、大切な人との記念日を過ごすのにもぴったりだ

その他メニュー

- 気まぐれパスタランチ…1950円
- 吉彩コース…2800円〜
- SPコース…7600円

美しい四季折々の草花に囲まれた美しいロケーションの中にある

運が良ければ、招き猫の「チュラ」ちゃんがお出迎えしてくれるかも

AUBERGE DE MANOIR 吉庭

☎ 0478-55-0350

住所	千葉県香取市佐原イ789-2
予約	ランチ可　ディナー可
営業時間	ランチ 11:30〜14:00 ディナー 17:30〜21:00
定休日	月曜
席数	120席
禁煙席	ランチタイムは全席禁煙(ディナーは一部喫煙可)
カード	VISA、マスター、アメックス、ダイナーズ、JCB、UC
駐車場	30台(無料)

JR成田線佐原駅南口より
徒歩で約10分

成田／佐原

Italian
Ristorante Casa Alberata

リストランテ カーザ アルベラータ

❶「おすすめランチコース」3780円。前菜にパスタ2品、メイン1品がつき、デザートも楽しめるお得なコース。人気の自家製ニョッキも堪能できると人気が高い。❷肉のうまみをじっくり焼くことで引き出した「和牛フィレ肉のアッロースト 黒トリュフソース」❸コースの一部「シャラン鴨とポルチーニ茸のラグー手打ちタリアテッレ」ジューシーで味わい深いシャラン鴨と薫り高いポルチーニ茸をふんだんい使い、シェフ手製の絶品手打ちパスタと合わせた逸品。こちらもコースの一部

落ち着いた雰囲気の日本家屋で頂く本格派のイタリアン

　本場イタリアのミシュラン星付きレストランで修業を重ねたオーナーシェフオープンしたイタリアン・レストラン。佐原の伝統的建造物保存地区群の小野川沿いにあるシェフの自宅を改装したという店内は、日本家屋のぬくもりを残しつつも、落ち着いたインテリアで出迎えてくれる。

　シェフが手がける料理は、地元野菜や銚子港直送の鮮魚などを使い、地産地消をめざしつつも、イタリア料理の魅力を伝えるため珍しい食材もふんだんに取り込み、私たちを楽しませてくれる。また、パスタはすべてシェフの手製。中でもニョッキは、わざわざ遠方から食べに足を運ぶ客がいるほどの逸品だ。

その他メニュー
- カジュアルランチコース…3024円
- ちょっと贅沢なランチコース…5184円
- 並木シェフのスペシャルランチコース…7344円(要予約)

日本庭園を眺めながらイタリアンを楽しめるのも小江戸・佐原ならでは。古い家屋を改築した店内はとてもシック。大人のための空間だ

敷地内には桑材で建てられた茶室も、天井は神代杉を使用

丁寧に手間暇かけて、シェフが作る手打ちのパスタが絶品

Ristorante Casa Alberata

☎ 0478-79-9422

住所	千葉県香取市佐原イ1727
予約	ランチ可　ディナー(完全予約制)
営業時間	ランチ 11:30〜15:00(L.O.14:00) ディナー 18:00〜22:00(L.O.20:30)
定休日	月曜　火曜(不定休)
席数	26席
禁煙席	全席禁煙
カード	VISA、マスター
駐車場	6台(無料)

JR成田線佐原駅より徒歩で約15分

成田／佐原

Buffet-Style

ロテスリー　吉庭

ロテスリー　キッテイ

❶地元の新鮮食材をふんだんに使った料理の数々をバイキング形式で楽しめる。とても1度では食べつくせないほど幅広いメニューを取りそろえていて、リピーターが多いのも納得。ランチタイムは平日1850円、土日祝2250円 ❷和・洋・中の各種料理が並ぶ。「本日のパスタ」など、日替わりのメニューもある ❸ロールケーキやモンブラン、抹茶のケーキなど、スウィーツ類も充実！　女子会やママ友会などでの利用もおすすめしたい

地産地消にこだわったバイキングを堪能

　香取市「AUBERGE DE MANOIR 吉庭」のオーナーが手掛けるロテスリー。「地産地消」にこだわったバイキング形式のお店で、和・洋・中のジャンルを問わず、常時50種類以上のメニューを取りそろえている。

　香取市産のマッシュルームなど、そのコンセプトに違わず、旬な地元食材をふんだんに用いた料理は、単に"お得"だけをウリにするようなバイキングとは異なり、一品一品の味に奥深いこだわりを感じさせる。都市部から訪れる人にとっては、香取市の恵まれた食材の数々を堪能できる絶好の機会となるだろう。

　少人数でも大勢でも利用しやすく、飲み放題メニューも用意している。

その他メニュー

- バイキング（ディナータイム）…2580円

さりげなく和のテイストも織り込まれた、モダンでオシャレな店内。ウッディな質感を活かした落ち着ける雰囲気が魅力的だ

料理をきちんと温かい状態でいただける心づかいもうれしい

ロテスリー　吉庭

☎ **0478-55-0800**

住所	千葉県香取市佐原イ474-8
予約	ランチ可　ディナー可
営業時間	11:30〜15:00(L.O.14:00) 17:30〜21:00(L.O.20:00)
定休日	水曜
席数	70席
禁煙席	全席禁煙
カード	使用不可
駐車場	15台(無料)

JR佐原駅より徒歩で約5分

成田／松尾

Italian

Ushimaru

ウシマル

❶同店のランチはコースのみの対応。写真は平日の「PRANZO B」4104円。前菜3皿に自家製のフォカッチャ、パスタ、メインディッシュ、デザートとコーヒーが基本だが、その他にもその日仕入れた食材で作られた楽しい料理がたくさん登場！ ❷自家菜園で育てた色とりどりの野菜を使った「自家菜園のサラダ」は、珍しい野菜にもたくさんお目にかかれる。大豆で作ったソースで召し上がれ ❸フレッシュミルクで作られたアイスクリーム。濃厚でありながらも爽やかな後味

千葉の豊かな食材を贅沢に味わう楽しみ

　都心と九十九里を結ぶ県道、通称「芝山はにわ道」。その道から一本入った住宅地に構える一軒家レストラン。オーナー宅で朝搾りされるミルクや、自家農園または地場の減農薬栽培された野菜、九十九里浜で採れたての鮮魚やブランド豚の富里産の「ダイヤモンドポーク」など、その日仕入れた豊かな食材を使い、シェフが日替わりでコースメニューを一皿一皿にこだわった渾身のメニューを提供している。千葉県産にこだわる地産地消ならぬ「千産千消」のレストラン。ランチ、ディナーともにコースのみの提供となるため、事前予約が必要だ。しかし、予約してでも訪れたいと言わしめる、そんな名店だ。

その他メニュー

- PRANZO A…2484円（平日のみ）
- おまかせコース…9180円

自家菜園や農場をはじめ千葉中から集められた食材を使い、シェフの豊かな発想で生み出される料理は、ここでしか味わえない特別なもの

オーナーのご両親が営む農場で朝搾られる新鮮なミルクを料理に使用

シェフの打矢健氏が豊かな千葉の食材を使い、創造性あふれる料理を創作

Ushimaru

☎	0479-86-1222
住所	千葉県山武市松尾町木刀1307-2
予約	ランチ可　ディナー可
営業時間	ランチ 12:00〜14:00（L.O.14:00） ディナー 18:00〜21:30（L.O.21:30）
定休日	水曜、第2火曜（ランチは木曜定休）
席数	28席
禁煙席	全席禁煙
カード	VISA、マスター、アメックス、ダイナーズ、JCB
駐車場	18台（無料）

JR松尾駅より車で約7分

成田／成田

Buffet-Style

Restaurant Gardenia

レストラン ガーデニア

Hotel Lunch

❶「世界食べ歩きブッフェ」2400円。写真は目の前でスライスしてくれるローストポーク。目で見て、舌で食べて楽しめるシェフこだわりの料理が月替わりで登場する❷女性は特に見逃せない、デザートコーナー。写真はイチゴ特集のもの。ブッフェなので、好きなだけ、好きな種類をどんどん試してみよう❸彩り良く具材をのせた「カナッペ寿司」も人気メニュー。このように幅広いメニューが一度に楽しめるのも魅力だ

世界各国の味を
ブッフェスタイルで

　成田エクセルホテル東急1階にあるこのお店は、店内に足を踏み入れると、南フランスのガーデンレストランを思わせる開放的な空間が広がる。大きな窓の外には、日本庭園が四季折々の美しさを見せてくれる。

　ランチは、毎月テーマの国が変わる「世界食べ歩きブッフェ」。旬の食材を贅沢に盛り込んだ各国料理を楽しめる。中でも目玉は、シェフが目の前で調理する実演コーナー。華麗な手さばきを見られるうえに、出来立てアツアツの美味しさを味わえる。また、ケーキやソフトクリームなど、日替わりデザートだけでも20種類を超える豊富な品揃えも魅力。テーマが変わるたびに訪れたい！

料理がズラリと並ぶ明るい雰囲気の店内。「まず何から食べようか」とワクワク悩むのもランチブッフェの楽しみのひとつ

その他メニュー

- 平日ディナーブッフェ
  …3000円
- 土日祝ディナー…3500円

目の前でデザートのフランベも行うことも。炎の迫力を体感しよう

実演コーナーの一例「週替わりパスタ」。内容はテーマにより変わる

Restaurant Gardenia

☎	0476-33-0109
住所	千葉県成田市大山31 成田エクセルホテル東急1F
予約	ランチ可　ディナー可
営業時間	ランチ 11:30〜14:00(L.O.13:30) ディナー 18:00〜21:00(L.O.20:30)
定休日	なし
席数	126席
禁煙席	全席禁煙
カード	VISA、JCB、マスター、アメックス、UC、ニコス、ダイナース　など
駐車場	250台（無料）

京成線成田駅よりバスで約10分

Japanese

四季味宴席
たく

シキミエンセキ　タク

❶「ランチ」1700円。毎朝市場より仕入れる鮮魚を使った刺身、煮魚もしくは焼き魚に、すき焼き、天ぷら、ご飯、浅利の味噌汁、食後のコーヒーがついた贅沢なセット。この価格で頂けるのは卸業も営んでいる店ならでは ❷「アワビステーキ」2700円は生簀から引き上げたばかりの活エゾアワビを目の前で焼いてくれる ❸ バカ貝（あおやぎ）を「さんが焼き」風にアレンジしたオリジナルメニュー。笹の香りと貝のうまみが口中にあふれる至福の味わい。864円

確かな目利きで選んだ
地場の鮮魚を堪能しよう

　木更津駅から徒歩5分の立地ながら、隠れ家的なしっとりとした雰囲気。店内に足を踏み入れるとさっきまでの喧騒をすっかり忘れてしまう。こちらの自慢は、毎朝仕入れる内房江戸前や外房でとれた新鮮な鮮魚、魚介を使った料理。卸業も営んでいるため、確かな目利きで仕入れられたその日一押しの魚介を贅沢に、そしてリーズナブルに頂くことができる。また、魚介だけでなく野菜も地元産にこだわり、複数の契約農家から仕入れるなどのこだわりぶり。千葉県ふぐ連盟に加入しているため、フグを使った料理や各種コースも堪能できる。美味しい魚介を贅沢に堪能したいならぜひ足を運んでほしい。

季節の花が飾られるなど、細やかな心配りが行き届く店内。生粋の木更津育ちの女将をはじめ女性スタッフたちの温かい接客もうれしい

その他メニュー

- ◆ アナゴ天麩羅野菜付 …1080円
- ◆ 房総伊勢海老雲丹焼き …2700円
- ◆ 真鯛あら炊き…1080円

和室だが椅子の用意も。正座が苦手でもくつろげる配慮がなされている

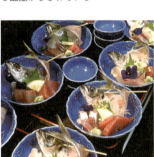

オーナー目利きの地場の鮮魚は、毎朝木更津市場より仕入れている

四季味宴席 たく

☎	0438-22-4488
住所	千葉県木更津市東中央2-11-1
予約	ランチ可　ディナー可
営業時間	ランチ 11:00〜13:45(L.O.13:15) ディナー 17:00〜21:30(L.O.21:00)
定休日	不定休
席数	64席
禁煙席	全席喫煙可
カード	使用不可
駐車場	8台(無料)

JR木更津駅東口より徒歩で5分

木更津／木更津

Japanese

宝家

タカラヤ

❶こちらに足を運んだらぜひ頂きたいのが、木更津産のあさりを堪能できる「あさり膳」。串揚げかかき揚げ、あさりご飯、味噌汁などその美味しさを存分に堪能できる。2160円❷ディナーでは、東京湾で採れた江戸前の魚介を贅沢に楽しめる各種コースも取りそろえている。江戸前の調理法で仕立てた美しい料理が美しい。特別な日にも利用してみたい。4200円より❸四季折々の鮮魚は、刺身でも楽しみたい。「刺身の盛り合わせ」1人前 1575円より

山海の「宝」を江戸前の伝統の味で食す

　山海の宝を旬で食す家、という意味を込めて「宝家」という名がついたという、老舗の日本料理店。創業は明治時代。100年を超える歴史を持ち、江戸前料理の伝統を今も伝え続けている名店だ。

　こちらでは、木更津名物の「あさり」をはじめ、東京湾でとれた江戸前の近海の魚介類、房総台地で収穫された地場の野菜などを使い、江戸前料理の伝統的な技法で木更津ならではの味にこだわった料理を楽しむことができる。木更津駅からのアクセスのよさ、また近隣には狸ばやしで有名な證誠寺などの名刹も。木更津の味、名所をともに楽しんでみるのもいいかもしれない。

古き良き木更津の情緒を感じられる店内。店舗入り口に飾られる屋号は、紺綬褒章を授与された木更津名誉市民「千代倉桜舟」の書

その他メニュー
- ◆ 特選あわびのしゃぶしゃぶ（勝浦産）…1814円
- ◆ ばちマグロの特製ゆっけ（三崎産）…1058円
- ◆ めばる煮魚…1620円

美しい女将と若女将がお出迎え。心づくしのもてなしも同店の魅力だ

老舗ならではの風雅な雰囲気。美しい中庭を眺めるのも楽しいもの

宝家

☎	0438-22-3765
住所	千葉県木更津市東中央2-3-4
予約	ランチ可　ディナー可
営業時間	ランチ 11:30～14:00 (L.O.13:55) ディナー 17:00～22:30 (L.O.20:30)
定休日	第1・3水曜 ※臨時休業あり
席数	70席
禁煙席	全席禁煙 ※喫煙コーナーあり。個室は喫煙可。
カード	Visa、JCB、UC
駐車場	70台（無料）

JR木更津駅西口より徒歩で約5分

木更津／木更津

French

La Promenade

ラ プロムナード

❶「Aコース」2570円。写真は前菜をフォアグラのテリーヌ（プラス930円）にした例。そのほかにプラス料金でスペシャルメニューに変更することも可能 ❷ 日比谷時代からの看板メニュー。当時を懐かしみ、毎回注文をする客も多いそうだ。甘口のワインとの相性が抜群だ ❸ 狩猟シーズンには、国内外から入荷した野鳥や鹿などのジビエ料理にも力を入れている。ソースや香辛料の使い方を工夫し、美味しい一皿に仕上げるにもシェフの楽しみなのだとか

こだわりの食材は
自らの足で探し歩く

　日比谷の老舗のフレンチレストラン「ラ プロムナード」の総料理長を務めた岡田修シェフが、同店の名前を引継ぎ、木更津の地でオープンさせた店。「心と身体にやさしいフレンチ」をコンセプトに、旬の食材を彩豊かに、目にも美しく調理して提供している。中でも野菜は地産地消にこだわり、シェフ自らが県内の生産者を訪ね歩き、よい食材を探し歩いているのだとか。そうして千葉中ら集められた食材はどれも味が濃く、その豊かな風味は料理の味わいに華を添えてくれる。そんなこだわりの食材で丁寧に作られる本格的なフレンチは、特別な日や自分へのご褒美にと味わいに来る客が多いそうだ。

本格的なフレンチを気取らずにアットホームな雰囲気の中で頂ける。ランチタイムはママ友会や女子会、家族連れのお客も多いとか

その他メニュー
- Rapidコース…1850円
- Aコース…4320円
- シェフにおまかせのコース
  …10300円(要予約)

明るくゆったりとした時間の流れる店内でじっくりと料理を味わいたい

シェフの岡田氏の料理を味わいに県外からわざわざ足を運ぶ客も多い

La Promenade

☎	0438-25-0147
住所	千葉県木更津市太田4-20-4第二萬崎ビル1-D
予約	ランチ可　ディナー可
営業時間	ランチ 11:30〜15:00(L.O.14:00) ディナー 18:00〜22:00(L.O.21:00)
定休日	月曜
席数	21席
禁煙席	全席禁煙 ※喫煙コーナーあり。個室は喫煙可。
カード	カード使用不可
駐車場	5台(無料)

JR木更津駅東口より車で約5分

Japanese

すき焼き・しゃぶしゃぶ・和食
田園

スキヤキ・シャブシャブ・ワショク　デンエン

❶ミニすき焼きもしくはミニしゃぶしゃぶに、おさしみ、季節の小鉢2品、揚物、お食事、デザート、コーヒーor紅茶が付いた「おまかせコース」3240円 ❷すき焼きとご飯、デザート、コーヒーor紅茶の「すき焼き定食」2180円（ランチ価格）。写真は4人前 ❸ミニすき焼きまたはミニしゃぶしゃぶを選べて、お弁当（お刺身、煮物、天ぷら）にデザート、コーヒーor紅茶が付いたお得な「ミニすき焼き又はミニしゃぶしゃぶと三彩弁当のセット」2500円

数々のこだわりが生む格別の「おもてなし」

築60年という、その古さが何ともいえないくつろぎを演出する店内で、すき焼きやしゃぶしゃぶなど極上の料理の数々と、心のこもったおもてなしを受けられる木更津の名店。

メインとなるお肉料理に関してはもちろん、それ以外も房総の朝採れ魚や、地元の農家から取り寄せた新鮮野菜を用いるなど、素材に徹底してこだわっている。また、それらの素材本来のうまみを最大限に引き出せるよう、シンプルな調理法を心がけているのもこのお店の魅力だ。

夏はしゃぶしゃぶや冷しゃぶ、和食のコース料理、冬はすき焼きが人気。ランチタイムは、人気の定食やセットメニューが手頃に楽しめる。

その他メニュー

- ステーキ定食…2680円
- しゃぶしゃぶ定食…2380円
- 四季弁当…2300円

築60年の建物内は、年月を積み重ねて出る独特の温かみに満ちている。BGMのクラシックが、さらに心を落ち着かせてくれる

房総から毎朝直送される、活きの良い新鮮魚を贅沢に使用

全席個室で、会食や接待、お祝いごとなど幅広く利用しやすい

すき焼き・しゃぶしゃぶ・和食　田園

☎ **0438-22-5252**

住所	千葉県木更津市富士見2-3-31
予約	ランチ可　ディナー可
営業時間	ランチ 11:30～15:00(L.O.14:30) ディナー 17:00～21:30(L.O.21:00)
定休日	不定休
席数	70席
禁煙席	全席喫煙可
カード	VISA、JCB、マスター、アメックス　など※ランチは使用不可
駐車場	12台(無料)

JR木更津駅西口より徒歩で約8分

Japanese

魚菜酒肴
開花屋

ぎょさいしゅこう かいかや

❶華やかな盛り付けが食欲をそそる「懐石寿司御膳」2268円は、寿司6貫に季節を楽しめる小鉢9種、デザートなどがつく。ランチ限定 ❷かつお出汁が香る和牛と旬菜のすき鍋がメインの「黒毛和牛すき鍋御膳」は、季節変わりの小鉢6種もついて2138円。深い味わいとボリュームに満足すること間違いなし。ランチ限定 ❸開花屋自慢のマグロや漁港直送の鮮度抜群な魚など、7種の刺身が楽しめる「刺身盛り合わせ『花』」は、5～6人用で3942円。

漁港直送の魚が自慢の和風モダンダイニング

　JR木更津駅からほど近い和風モダンダイニングで、いつ訪ねても「四季の美味しい」を満喫できると評判だ。料理のコンセプトは「既存過ぎず、創作過ぎず」。和食の基本を押さえつつ、現代感覚も盛り込んだ華やかな料理を味わってみたい。食材の質にもとことんこだわっており、特に魚介類の鮮度の良さには自信あり。千葉県内房の富津や外房の鴨川、伊豆の沼津などの漁港から、近海獲れの新鮮な魚が日々直送。料理人の技が冴える刺身や握り寿司はもちろん、一尾まるごと豪快に使う煮魚などに調理する。全室個室もしくは半個室なので、家族連れから大事な会食まで、様々なシーンに利用できる。

落ち着いた雰囲気の個室は、4〜48人収容の8室を完備。子どもを連れての会食でも、気兼ねなく食事を楽しむことができると好評だ。

その他メニュー
- ◆〈ランチ限定〉煮魚御膳…1836円
- ◆季節限定ランチ…1814円〜
- ◆〈限定〉本まぐろ中トロ刺…1620円

華やかな創作料理にふさわしい、モダンな雰囲気のテーブル席

近海で獲れた魚介類を漁港から直送。鮮度の良さが自慢だ

魚菜酒肴 開花屋

☎	0438-25-2519
住所	千葉県木更津市東中央2-2-16
予約	ランチ可　ディナー可
営業時間	ランチ 11:00〜14:30(L.O.14:00) ディナー 17:00〜23:00(L.O.22:00)
定休日	なし
席数	77席
禁煙席	全席喫煙可
カード	VISA、JCBマスター、アメックス、ダイナース
駐車場	24台(無料)

JR木更津駅東口より徒歩で約5分

木更津／木更津

Italian

Trattoria Delfino

トラットリア デルフィーノ

❶旬の食材を使った前菜の盛り合わせ、3種から選べるパスタ、魚又は肉料理、本日のデザート、ドリンクが付く「Cランチ」2580円❷ランチコースに500円プラスで提供される「ドルチェ盛り合わせ」。誕生日など、記念日のランチでぜひ利用したい。❸「Cランチ」やディナーのセット料理でも頂ける人気メニュー「仔羊の赤ワイン煮」。赤ワインでじっくりコトコト煮込んだ仔羊は口に入れると柔らかくとろけそうなほど！

ピチピチの鮮魚と地元野菜で作るイタリアン

「美味しい料理とイタリアワインをリーズナブルに提供したい」そんな思いを込めてオープンしたトラットリア。店内に入ると、古木を使用したナチュラルなカウンターやテーブル、塗り壁が優しい空間を演出。ジャズやボサノバのBGMに耳を傾けながらリラックスして本格イタリア料理を楽しめそうな雰囲気だ。

「にんにくを最小限に抑え、素材の味を大切にし、後味の良い料理を心掛けています」とオーナー。おすすめは、鴨川や銚子から直送の鮮魚を使用した「本日鮮魚のカルパッチョ」。一緒にたっぷりと盛り付けられた地元野菜もみずみずしく、素材の美味しさを噛みしめられる一皿だ。

ランチタイムは多くのお客さんで賑わうカジュアルでお洒落な店内。カウンター席もあるのでおひとりさまでも気軽に立ち寄れそう

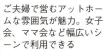

ご夫婦で営むアットホームな雰囲気が魅力。女子会、ママ会など幅広いシーンで利用できる

ランチタイムはグラスワインが420円とリーズナブルに楽しめる

その他メニュー
- 本日前菜盛り合わせ…1030円
- 小海老のトマトクリームソースのリングイネ…1450円
- 和牛ロースのタリアータ…2750円

Trattoria Delfino

☎ **0438-53-8502**

住所	千葉県木更津市請西東3-20-17
予約	ランチ可　ディナー可
営業時間	ランチ 11:30〜14:30（L.O.13:30） ディナー 18:00〜22:00（L.O.20:30）
定休日	月曜（※火曜日はランチ営業のみ）
席数	18席（うちカウンター席4席、テーブル席14席）
禁煙席	全席禁煙
カード	VISA、JCB、マスター、アメックス、DC、セゾン
駐車場	6台（無料）

JR内房線木更津駅東口よりバスで約20分

木更津／君津

French

Restaurant Dijon

レストラン ディジョン

❶前菜にスープ、肉と魚のメイン料理２皿とフルコースで料理を楽しめる「セゾンランチ」。ボリューム満点で大満足の内容ながら、価格がリーズナブルなのもうれしい。3600 円 ❷メイン料理を肉か魚から選べる「ディジョンランチ」。週替わりなので、いつ来ても違う美味しさが味わえるのが楽しい。1285 円 ❸季節の食材を色とりどりの一皿に仕立てたオードブルも、こちらの人気メニューのひとつ。見た目にも美しい繊細な味わいをぜひ堪能したい

和洋中の要素も取り入れ食の楽しみを伝える

　フレンチを基本とした創作料理を味わえる店。和洋中の食材や技法も柔軟に取り入れた料理の数々は、新しい食の魅力を感じさせてくれるものばかりだ。料理はどれも厳選した素材を使い、ボリューム満点の充実の内容ながらも、とてもリーズナブルなのもうれしいところ。ランチはフルコースでも3600円とお得な価格でいただくことができる。また、特筆すべきは、ランチ限定のデザートのワゴンサービス（1個130円～）。種類が豊富で選ぶ楽しさを味わえると評判が高い。店内にはカウンター席も用意しているので、家族や友人とはもちろん、ひとりで気軽に訪れてみるのもいいかもしれない。

テーブルウェアもスタイリッシュ。なお、店内1階がレストラン、2階が宴会場。飲食での利用で室料が無料になる個室も2部屋用意

ランチ限定のデザートのワゴンサービスも種類が豊富で人気が高い

シェフの今林氏。和洋中の要素も取り入れた斬新な料理を生み出す

その他メニュー
- 木の子のクリームスープパイ包焼き…702円
- 牛タンシチューランチ…2570円
- 魚介のブイヤベース…1231円

Restaurant Dijon

☎ 0439-54-3788

住所	千葉県君津市坂田1279
予約	ランチ可　ディナー可
営業時間	ランチ 11:30～15:00(L.O.14:30) ディナー 17:00～22:00(L.O.21:00)
定休日	火曜
席数	67席
禁煙席	一部喫煙可
カード	カード使用不可
駐車場	100台（無料）

JR君津駅北口より徒歩で約7分

成田／君津

Italian

Italiakitchen buonasera

イタリアキッチン ブォナセーラ

❶シェフおまかせ前菜3〜4種の盛り合わせ、5〜6種から選べる本日のパスタ、デザートの盛り合わせ、カフェが付くお得な「ランチAコース」1730円。さらにメイン料理も楽しみたい人は「Sコース」をどうぞ ❷本日のパスタの一例。平打ちのパスタに濃厚なクリーム系のソースがよく絡んで美味 ❸いろんな味を少しずつ味わえると評判の前菜5種の盛り合わせ。野菜をたっぷり摂取できるのも女子にはうれしいポイントだ

イタリアの家庭のような アットホームな一軒！

「イタリアでは、家族で賑やかに食卓を囲み、楽しいひとときを過ごします。そんな明るい食卓を提供したい」とオーナー。居心地の良さを追求し、店内はイタリア製の調度品で統一。落ち着いた寛げる空間を作り出した。注文時には、スタッフの間でイタリア語が飛び交い、まるでイタリアのレストランで食事をしているような気分を味わえる。

料理は「食材選び」「調理」「盛り付け」といった工程全てに熱意を込めたベーシックイタリアン。ランチタイムには5つのコースを用意する。自慢のパスタやメイン料理は数種類の中から好みのものを選べるスタイル。みんなでワイワイ堪能したい。

清潔感のある店内はカジュアルなムードが漂い、思わず会話がはずみそう。おひとりさまでもカウンター席があるので安心だ

その他メニュー

- ランチSコース…2990円
- ランチBコース…1950円
- ランチCコース…1520円

ランチBコースでは、ボリュームのあるグリル料理も楽しめる

「デザートの盛り合わせ」の一例。ランチコースのほか単品にも対応

Italiakitchen buonasera

☎ **0439-55-4700**

住所	千葉県君津市常代1-14-38
予約	ランチ可　ディナー可
営業時間	ランチ 11:30〜15:00(L.O.14:00) ディナー 18:00〜22:00(L.O.21:00)、日祝L.O.20:30
定休日	月曜（祝日の場合は翌日）
席数	37席（うちカウンター席5席、テーブル席32席）
禁煙席	一部喫煙可（※ランチタイム全席禁煙）
カード	なし
駐車場	15台(無料)

JR内房線君津駅南口より車で約7分

木更津／姉崎

French

フランス料理
La Maree de kiri

フランスリョウリ　ラ・マレ・ド・キリ

❶コース料理のひと皿、「江戸前地蛤と赤貝のナージュ グリーンアスパラのジュのコンポーゼ、コンソメのジュレ添え」は、新鮮な貝類とトマトの酸味や野菜など、それぞれの旨みが感じられる ❷鴨肉とリゾットの独特なコラボが楽しめる「シャラン産ビュルゴー鴨肉のロースト オレンジのリゾット合え」。コース料理の一品 ❸キャベツに包まれた子羊とフォアグラのマリアージュ、「北海道産子羊のロースト ランド産フォアグラとディクセルのアルモニー」

和の味わいをプラスした隠れ家フレンチ

　全15席のこじんまりしたフレンチレストランで、まるで大人の隠れ家のようなたたずまい。クラシック音楽が流れる落ち着いたムードのなか、極上のランチをゆったり楽しめる。日本人の感性や京料理の素晴らしさをフランス料理に加えたい、とシェフ。コンソメからフォンドヴォー、ドレッシング、スープ、デザートにいたるまで、すべてを厨房で丁寧に手作りする。電話予約の際、アレルギーや好みの有無などを訪ね、当日の朝、食材と照らし合わせてメニューを作成。常連客には前回とは違う料理を出すように心がけているという。美食家たちから、多くの絶賛の声が寄せられるというのも納得だ。

季節感を感じられるようにファブリックや食器、絵画の模様替えを行うなど、細やかな心配りがうれしい。生け花も雰囲気を盛り上げる

その他メニュー
- かぼちゃとフルムダンベールのグラチネ
- 鰆てりやき、赤ピーマンソース
- 新生姜、袖ケ浦産こしひかりのカプチーノ仕立て
- 白アスパラとスクランブルのシャルロット

店内は3テーブルのみ。行きとどいたもてなしを受けられる

料理はコースで提供。ランチなら3000円からフルコースが味わえる

フランス料理 La Maree de kiri

☎ **0436-61-2921**

住所	千葉県市原市姉崎西1-11-21
予約	ランチ、ディナーともに完全予約制
営業時間	ランチ 11:30〜14:30（L.O.13:30） ディナー 17:30〜21:30（L.O.20:00）
定休日	不定休
席数	15席
禁煙席	全席禁煙（貸切時のみ喫煙可）
カード	使用不可
駐車場	7台（無料）

JR姉ヶ崎駅西口より徒歩で約5分

French
Restaurant Ebonne

レストラン エボンヌ

❶オードブルの盛り合わせ、サラダ、海の幸のブイヤベースとメインに肉か魚の料理が選べてデザートまでついた「おすすめランチコース」4500円。ボリューム満点で男性も満足できる内容❷牛ホホ肉を時間をかけじっくりとろけるまで煮込み、きのこなどの野菜をたっぷりと添えた「牛ホホのシチュー温野菜添え」2800円❸その時々の旬の魚を使い、その旨みを最大に生かして調理した「鮮魚のポワレ」2800円。シェフ手製のソースとの相性も抜群だ

気取らずに楽しめる
プロバンス風フレンチ

　東京の「山の上ホテル」などで修業を積んだシェフによる本格フレンチが楽しめるお店。提供される料理の数々は、野菜などをふんだんに使い、美しく盛り付けられた南仏・プロバンス風。特に、手間ひまをかけて作られるソースは絶品で。料理の味わいをより一層深めている。

　JR姉ヶ崎駅から徒歩5分とロケーションも最高。店内も、まるで高原の洋館に来たかのように、ゆったりとくつろいだ気持ちになれる。料理を気軽に楽しんでほしいと、アットホームな接客を受けられるのもこちらの魅力。また、コース料理を楽しむなら予約をしてじっくりと時間をかけて味わうことをおすすめする。

その他メニュー

- ランチセット…1500〜1800円
- ランチコース…2500〜3200円
- エボンヌコース…6000円

クリーム色を基調としたシックな店内には、やわらかな陽の光がたっぷりと差し込む。窓の外の木々の緑もとても美しく清々しい気分に

個室は天井が高く、まるでチャペルのような落ち着いた雰囲気

普段着で気軽にフレンチを楽しんでほしいと、シェフの山本氏

Restaurant Ebonne

☎	0436-61-5262
住所	千葉県市原市姉崎870-2
予約	ランチ可　ディナー可
営業時間	ランチ 11:30〜14:00(L.O.13:30) ディナー 17:30〜21:00(L.O.20:00)
定休日	月曜
席数	40席
禁煙席	全席禁煙
カード	カード使用不可
駐車場	12台(無料)

JR姉ヶ崎駅西口より徒歩で約5分

蟹工船　袖ヶ浦

カニコウセン　ソデガウラ

❶寿司や揚げ物、グラタンなど蟹工船の人気メニューをはじめ旬の幸を使い、その季節ならではの料理が楽しめる贅沢な内容のランチ。料理は月替わり。「おすすめランチ」2500円❷お造りから焼き物、寿司など様々な形でタラバガニを堪能できるセットも人気。「特選鱈場蟹尽くしセット」3800円❸あわびを贅沢に、たっぷりのキノコとともに味わう「あわびと木の子のバター焼き」も評判の一品。豊かな海の風味と食感を楽しみたい

蟹、和牛、アワビ、山海の宝を贅沢に堪能

　タラバをはじめとした極上の蟹、A5ランクの山形牛やアワビなど、山海の宝をとことん贅沢に。リーズナブルに味わいたいなら、こちらのお店へ足を運びたい。

　1品1品丁寧に作られた料理の数々でもてなしてくれる。とくに、天然の蟹の美味しさは格別。身がギュッと詰まり、甘みとともに感じられる旨みの濃さに、思わず感激してしまうこと間違いなしだ。大切な人との記念日などにももちろん、宴会や接待、慶事などのオフィシャルなシーンでも使える各種コースの用意もあるので、いろいろな用途に合わせて、その極上の味わいをぜひ堪能してみてはいかがだろう。

その他メニュー
- 天丼とミニうどん御膳 …1550円
- 工船寿司御膳…1450円
- 蟹チリソース…1030円

美しい日本庭園を眺めながら、蟹をはじめ山海の幸を使った料理が楽しめる。大人数から少人数まで利用できる各種大小の個室も用意

少人数用の個室。しっとりとした大人の空間で絶品料理を堪能

慶事や法事など、特別な日の食事に大人数で使える個室の用意も

蟹工船 袖ヶ浦

☎	0438-41-3100
住所	千葉県木更津市牛込310
予約	ランチ可　ディナー可
営業時間	ランチ 11:30～14:00 (L.O. 14:00) ディナー 17:00～21:30 (L.O.21:30) ※来店時は予約がおすすめ
定休日	火曜
席数	65席
禁煙席	一部喫煙可
カード	VISA、JCB、マスター、アメックス、UC、ダイナーズ、ニコス　など
駐車場	20台(無料)

JR袖ヶ浦駅より車で約10分

Western

洋食レストラン
カメリア

ヨウショクレストラン　カメリア

※イメージ

※イメージ　　　　　　　　　　　　　　　　　　　　※イメージ

❶選べるメインディッシュにセミビュッフェ料理のセット。「ランチビュッフェ」2200～3000円。（サービス料別）
❷メインディッシュ例「白身魚のアクアパッツァ」は魚介と野菜のうまみを堪能できる。❸メインディッシュ例「牛すじ肉のラグーパスタと海老と帆立のグリル」。柔らかく煮込んだ牛すじ肉にもちもちのパスタが相性抜群。魚介のグリルも添えてボリューム満点。
※メインディッシュは月替わりで変わる。写真とメニューは全てイメージです。

メインにビュッフェの贅沢ランチを堪能できる

滝のある美しい庭園を眺めながら、陽ざしがたっぷりと入る開放感あふれる店内で、ゆっくりとランチを楽しめると人気が高いレストラン。

こちらでいただけるランチは、選べるメインディッシュにサラダバーやオードブル、デザートなどを楽しめるセミビュッフェの付きのランチセット。千葉県産の滋味あふれる食材の数々をフレンチの調理法をベースに、イタリアンや和のテイストを盛り込みながら、目にも美しい料理として提供。それらを贅沢に、心ゆくまで堪能できる。メインディッシュは、季節ごとの素材を使い、月替わりで供される。価格も食材によって変わる(サービス料は別)。

セミビュッフェでは、地元野菜のサラダバーや料理長おすすめのオードブル、パティシエ自慢のスイーツなどを楽しむことができる

円形のサンルームになっているため、明るく開放感あふれる店内

その他メニュー

- モッツァレラチーズ入りトマトソースのリングイネ…2200円(サービス料別)
- イタリアンハンバーグ4種のチーズとトマトのソースで…2400円(サービス料別)
- 子羊のタリアータ焼きリゾットと野菜を添えて…2700円(サービス料別)

夜の店内は昼間から趣ががらりと変わり、ムーディーな雰囲気に

洋食レストラン カメリア

☎	0438-20-5234
住所	千葉県木更津市かずさ鎌足2-3-9　オークラアカデミアパークホテル
予約	ランチ可　ディナー可〈要相談〉
営業時間	ランチ 11:30〜15:00(L.O.14:00) ディナー 17:30〜21:00(L.O.20:00)※ディナーはグループ向けの貸切専用。予約制
定休日	なし
席数	60席
禁煙席	全席禁煙
カード	VISA、JCB、マスター、アメックス、UC、ニコス、セゾン、ダイナーズ
駐車場	400台(無料)

JR木更津駅東口よりバスで約20分、車で約15分

木更津／木更津

Japanese

和食堂
山里

ワショクドウ ヤマザト

❶季節の食材をふんだんに使った会席を御膳として楽しめる「かずさ膳」2700円（サービス料別）。メニューは月替わりで、一皿一皿に四季を感じることができる ❷ステーキ丼と天丼から選べる小丼と日本そば、茶わん蒸しが付いた「小丼・小そばセット」1750円（サービス料別）。ボリューム満点で、商談などで訪れる男性にも人気が高い ❸海老と野菜天がたっぷりと供された「天丼」1680円（サービス料別）。特製の丼つゆが利いた一品は、お持ち帰りする人も

季節を感じる料理を
美しい景色とともに堪能

　ホテルオークラ「山里」の伝統を継承し、地元野菜などの旬の素材を活かしたやさしい味わいの日本料理が堪能できるお店。目にも美しい本格的会席料理から、一品料理までが楽しめるのがこちらの自慢。そのどれもが、仕込みから仕上げまで、丁寧に手が入れられ、料理人の技が光るものばかり。中でも会席料理をカジュアルに楽しめる御膳や、月替わりでメニューが変わる平日限定10食のランチセットなどは、女性を中心に根強いファンも多い。ディナーで人気の「松花堂弁当」や「椿会席」もランチでの注文が可能なので、もうワンランク上の贅沢な時間を楽しみたいときにぜひ注文してみては。

季節ごとに姿を変える美しい景色を見ながら、四季折々の味も堪能できる贅沢さがここの自慢。オークラ流のおもてなしとともに楽しみたい

その他メニュー

- 穴子丼1620円…（サービス料別）
- 松花堂弁当…3565円
  （サービス料別）
- 椿懐石5400円（サービス料別）

大きな窓から日本庭園ののぞむことができる掘りごたつ式の個室

テーブル席もしっとりとした佇まい。秋には紅葉も楽しめる

和食堂 山里

☎ 0438-20-5236

住所	千葉県木更津市かずさ鎌足2-3-9　オークラアカデミアパークホテル
予約	ランチ可　ディナー可
営業時間	ランチ 11:30～14:30 (L.O.14:00) ディナー 17:30～21:00 (L.O.20:00)
定休日	なし
席数	68席
禁煙席	全席禁煙
カード	VISA、JCB、マスター、アメックス、UC、ニコス、セゾン、ダイナーズ
駐車場	400台（無料）

JR木更津駅東口よりバスで約20分、車で約15分

木更津／木更津

Chinese

中国料理 桃花林

チュウゴクリョウリ　トウカリン

※イメージ

1
2 3

※イメージ　※イメージ

❶料理長おすすめのランチコース。千葉県産の食材を贅沢に使った月替わりのコース。ホテルオークラの本格中華をいろいろな形で堪能できる。「ランチコース」2700円（サービス料別）❷ふわっとしたとろみの中に感じられる蟹の卵のコクと、ふかひれの食感がたまらない一品。「蟹の卵入りふかひれスープ（1〜2人前）」3564円（サービス料別）
❸魚介のうまみたっぷりの特性あんがカリッと揚げた麺によく絡む「五目あんかけ焼きそば」1296円（サービス料別）

124

県内産の山海の珍味を ホテルオークラ流に調理

　旬の新鮮な食材、地元・かずさの素材にこだわり、日本人の味覚にもっとも合うとされる広東料理を中心に、山海の珍味をふんだんに使った中国料理を提供している。料理長が腕によりをかけ、特選素材を使って作るランチコースやアラカルト料理のほか、月ごとにメニューが替わる1日10食の「限定ランチ」も、桃花林名物の料理なども盛り込んだお得感あふれる充実の内容。このランチを目指して訪れる客も少なくない。これら、絶品料理の数々をホテルオークラならではのサービスとともに優雅に楽しめることもあり、地元のみならず、遠方からも足を運ぶ客も多いのだそうだ。

山海の珍味を使い、料理長自慢の本格的な中国銘菜の数々。コースやアラカルト料理のほかにも点心料理なども豊富に用意している

その他メニュー

- 蟹の爪の揚げ物(1本) …1188円(サービス料別)
- 1日限定10食ランチ(平日限定) 1620円…(サービス料別)

ゆったりとした空間と高級感にあふれ、落ち着いた雰囲気の店内

食事会にぴったりの個室も完備。円卓を囲んで楽しい時を過ごしたい

中国料理 桃花林

☎	0438-20-5237
住所	千葉県木更津市かずさ鎌足2-3-9　オークラアカデミアパークホテル
予約	ランチ可　ディナー可
営業時間	ランチ 11:30～14:30(L.O.14:00) ディナー 17:30～21:00(L.O.20:00)
定休日	なし
席数	75席
禁煙席	全席禁煙
カード	VISA、JCB、マスター、アメックス、UC、ニコス、セゾン、ダイナーズ
駐車場	400台(無料)

JR木更津駅東口よりバスで約20分、車で約15分

料理ジャンル別さくいん

フランス料理

VILLA-de-ESPOIR	76
AUBERGE DE MANOIR 吉庭	88
Cuisine Française Chez Mura	80
Chaleureux FRENCH Le temps d'or	62
Chez les Anges	30
Serene de Naturelle	8
フランス郷土料理とワイン　Maillot Jaune	22
仏蘭西料理　ミルフィーユ	36
フランス料理　La Maree de kiri	114
Manhattan Dining Bella Rusa	56
La Cachette	46
La Cuisine de KAZU	52
La Promenade	102
La Rosette	50
Restaurant Ebonne	116
Restaurant Dijon	110
Restaurant Petit Arisa	38
レストラン夢時庵	86

イタリア料理

Italiakitchen buonasera	112
Ushimaru	94
Osteria antico genovese	20
Trattoria Delfino	108
Pesce Vino	24
PORCELLINO	70
La cucina HANA	40
LA TAVERNETTA alla civitellina	6
Ristorate Anton	74
Ristorante Casa Alberata	90
Ristorante Cornetto	44
ristorante hanau	48
Ristorante Mangiare chiba	12
Restaurant Masaichi	84

洋食

- ステーキハウス 听 成田店 …… 66
- 洋食レストラン カメリア …… 120
- レストラン ほてい家 …… 28

創作料理

- 欧風創作料理 森のレストラン CUOCO …… 78
- ビストラン 天使の隠れ家 …… 32

和食

- 鰻処さかた …… 72
- 蟹工船 袖ヶ浦 …… 118
- 菊屋 …… 64
- 共歓一椀 しんしん …… 60
- 魚菜酒肴 開花屋 …… 106
- 倶楽部 泉水 …… 42
- 四季味宴席 たく …… 98
- すき焼き・しゃぶしゃぶ・和食 田園 …… 104
- 鮨・割烹 みどり …… 34
- 宝家 …… 100
- 馳走 かく田 …… 82
- 日本料理 翁 …… 68
- 和食堂 山里 …… 122

鉄板焼

- 鉄板焼 燔 …… 58
- ホテルニューオータニ幕張「欅」 …… 54

バイキング

- Restaurant Gardenia …… 96
- ロテスリー 吉庭 …… 92

127

◆企画制作
イデア・ビレッジ
山根英雄　内田聡美　青木千草
梶本真由

石井亜矢子　田中敦子（編集工房リテラ）

◆デザイン＆DTP
山口慶子

◆マップ制作
エア・デザイン　SIMPLE WALK
みどりみず

千葉・成田・木更津 とっておきの上等なランチ

2015年1月20日　　第1版・第1刷発行

著　者　　イデア ・ビレッジ
発行者　　メイツ出版株式会社
　　　　　代表者　前田信二
　　　　　〒102-0093 東京都千代田区平河町一丁目1-8
　　　　　TEL：03-5276-3050（編集・営業）
　　　　　　　　03-5276-3052（注文専用）
　　　　　FAX：03-5276-3105
印　刷　　株式会社厚徳社

●本書の一部、あるいは全部を無断でコピーすることは、法律で認められた場合を除き、著作権の侵害となりますので禁止します。
●定価はカバーに表示してあります。
©イデア・ビレッジ,,2015.ISBN978-4-7804-1542-1 C2026 Printed in Japan.

メイツ出版ホームページアドレス http://www.mates-publishing.co.jp/
編集長：大羽孝志　企画担当：堀明研斗